미국 폐가교회를 통해서 배운다

김진기 지음

쿰란출판사

머리말

생명체의 정상적인 속성 중의 하나가 성장이다. 물론 성장의 빠르기는 생명체에 따라 다를 수 있다. 그러나 생명체는 지속적인 성장을 한다. 교회도 마찬가지이다. 주님의 교회도 주님께 생명을 부여받아 그 생명을 나누어 줄 사명을 가지고 있다. 교회의 성장이 반드시 양적인 것에 한정되는 것은 아닐 것이다. 그렇지만 교회도 생명체이므로 양적으로, 질적으로 더욱 성장해야 한다.

나는 수년 동안 한국과 미국을 오가며 많은 목회자들을 도왔다. 미국 교회의 성장 전략들을 한국의 모든 목회자와 성도들을 찾아다니며 일일이 다 설명해 줄 수 없어 고심하던 차에 쿰란출판사를 통해 이 책《미국 메가교회를 통해서 배운다》를 내놓게 되었다.

목회자라면 한 번쯤 고민해 보았을 교회성장의 전략과 방법들을 인터뷰를 통해서 최대한 이끌어내려고 노력하였다. 이 책에서 인터뷰했던 교회들은 미국에서 가장 빠르게 성장하는 교회들 가운데 하나이다. 그들도 아주 적은 수의 성도들과 함께 개척을 하여 성장하였다. 또 기성교회에 부임해서 아주 어려운 상황에 직면하면서 교회를 성장시킨 목회자들이다. 그들이 간직한 세세한 이야기는 다 나누지 못했지만 그들의 목회철학과 방향은 충분히 공감할 수 있으리라 생각한다.

나는 한국 교회가 분명히 영적인 면에서 세계 어느 나라보다 월등하다고 생각한다. 우리가 하나님의 지혜(잠재력, 수행력, 기능 등)를 조금 더 보완하면 한국 교회는 지금보다 훨씬 더 성장할 수 있으리라 믿는다. 이 책은 그런 부분에서 여러 목사님을 도울 수 있으리라 생각한다.

2008년 5월 20일

김진기 목사 (MD 대표)

첫인상

저는 며칠 전에 사 온 TV를 환불하기 위해서 마트에 들렀습니다. 엄청난 규모의 대형 마트라서 환불하는 것도 굉장히 쉽고 편리할 줄 알았습니다. 그런데 그 엄청나게 큰 마트의 환불하는 곳엔 한 사람만 일하고 있었으며 줄이 굉장히 길었습니다. 저는 한참 뒤에 서 있으면서 자꾸 불평하는 마음이 생겼습니다. 그리고 제가 결심한 것은 다시는 이 마트에 오지 않겠다는 것이었습니다.

교회도 비슷하지 않겠습니까?

첫인상이 그 사람으로 하여금 다시 올 수 있게 하는 큰 무기임에도 불구하고 많은 교회가 첫인상을 준비하는 데 허술한 것을 보게 됩니다.

목사님들도 아시겠지만 많은 사업체들이 고객을 유지하고 끌어당기기 위해서 얼마나 많은 친절과 봉사를 하고 있습니까?

제가 얼마 전에 식당에서 식사를 하는데 웨이트리스가 얼마나 친절하고 깍듯이 예의를 갖추는지 그곳에 계속 가고 싶다는 생각을 하게 되었습니다.

우리는 교회 건물에, 또 자기 교회에 익숙해 있기 때문에 방문자의 입장에서 잘 평가하지 못하고 있습니다. 방문자들에게 "와~우" 하고 감탄할 만한 인상을 준다면 그 방문자는 다음 주에 나오기가 훨씬 더 쉬울 것입니다.

그런 의미에서 저는 목사님들에게 교회의 첫인상 개선을 위한 몇 가지 말씀을 드리겠습니다.

첫째, 목사님께서 직접 제일 혼잡한 시간에 방문자 입장이 되어서 교회 안을 둘러보시기 바랍니다. 예를 들어, 11시 예배면 11시쯤에 교회 안으로 들어와 보십시오. 그렇다면 목사님께서 쉽게 주차문제, 안내위원들의 모습, 그리고 교회 로비 모습을 살펴볼 수 있을 것입니다. 또한 아이들은 어디에 보내며, 본인은 어디를 통해서 본당으로 갈 수 있을까요. 이 모든 것을 방문자 입장에서 한 번 생각해 보십시오.

그렇게 하면 목사님 교회의 첫인상을 쉽게 감지할 수 있습니다.

둘째, 정말 주차가 복잡하면 대리 주차를 할 수 있는 사람도 몇 명 구할 수 있지 않겠습니까? 몇 시간 정도 대리 주차를 할 수 있는 사람을 고용한다면 그 사람들이 열심히 뛰어다니면서 차를 주차해 줄 수 있다고 생각합니다. 그렇지 않으면 주차문제를 해결하기 위한 또 다른 방안을 찾으셔야 합니다.

셋째, 안내자들은 들어오는 모든 문의 코너마다 한 사람이 아닌 두 사람 정도 있어야 합니다. 사람은 누구든지 대접을 받고 싶어하고 친절함을 선호합니다. 그러므로 교회가 따뜻한 분위기, 환희의 분위기가 나도록 해야 합니다.

안내자에게 있어 가장 중요한 것은 웃음입니다. 웃음이 없는 사람은 안내자를 시키시면 안 됩니다. 또한 20대가 교회를 찾아왔는데 60대이신 분이 안내를 하신다면 20대가 당황스러울 수 있습니다. 현재 교회의 평균 연령층이 안내를 하는 것이 가장 안전합니다. 그런데 연세 드신 분이 꼭 하고 싶어하면 젊은 분과 같이 세우시는 것이 좋습니다. 안내자는 문 안에 있더라도 문을 열어주면서 웃으며 인사하고 따뜻하게 맞아주어야 합니다.

넷째, 교회 안에는 분명한 게시판이 있어야 합니다.

게시판에 교회의 모든 프로그램 장소가 정확히 나와 있어야 합니다. 그래서 사람들이 손쉽게 찾아갈 수 있도록 만들어주어야 합니다.

다섯째, 예배 전 로비에는 항상 음악이 나오는 것이 좋습니다. 여자 화장실과 남자 화장실에도 모두 음악이 나오는 것이 좋습니다. 특히 여자분들에게는 화장실이 굉장히 중요한 장소이기 때문에 각별히 신경을 많이 쓰셔야 합니다. 화장실에서 상쾌

한 향기가 나고 있는지, 깨끗한지, 불은 밝은지, 손을 씻고 닦을 수 있는 종이는 충분한지 늘 점검하십시오.

여섯째, 예배시간 전에 본당에 원두커피를 몇 시간 전에 끓여 놓으시면 냄새가 훨씬 더 좋습니다.

일곱째, 교회 사이즈가 어느 정도 크다면 로비에 안내데스크가 있는 것이 좋습니다. 누구든지 정보를 얻고 싶으면 그곳에 찾아오도록 하는 것이 좋습니다.

목사님들은 교회에 대한 첫인상을 아주 중요하게 생각하셔야 하고 첫인상 위원회를 만드셔도 좋습니다.

방문자들은 교회를 쇼핑한다고 생각하셔야 합니다. 여러분은 쇼핑 가실 때 어떤 곳을 선호합니까?

목사님들은 한번 곰곰이 생각해 보시기 바랍니다.

교회 방문

믿지 않는 사람이나 오랫동안 교회에 나오지 않는 사람이 목사님 교회를 방문했을 때 그들이 아래 사항에서 어떤 느낌을 받을지를 가정해서 써보겠습니다.

매 상황마다 네 가지(최우수, 우수, 보통, 나쁨)로 점수를 매겨 보겠습니다.

1. 교회에 도착했을 때

친구가 알려준 교회 주소를 인터넷을 통해 알아보고 교회를 찾아갔음. 그런데 인터넷에 나와 있는 주소와 약도가 확실치 않아서 교회 근처에서 친구에게 다시 전화하여 교회에 도착하게 되었음.

(보통)

2. 교회 주차장

주차할 장소가 충분하고 주차장에서 교회로 가는 길이 알기 쉽게 표시되어 있어 교회에 들어가는 데 문제가 없었음.

(최우수)

3. 첫인상

안내위원이 현관문을 열어주고 반갑게 인사를 했으나 형식적이라고 느꼈음.

그리고 교회에 들어가 본당에 들어가기 전에 안내위원이 주보를 나누어주었지만 특별히 친절하게 느끼지 못했음.

(보통)

4. 본당

본당의 의자 간격이 좁아서 앉는 것이 불편하고, 쿠션들이 낡아서 여러 군데 얼룩져 있었음.

또한 본당 내에 꾸며놓은 것이 잘 정돈되어 있지 않았음.

교회 전체 분위기가 아늑하다는 느낌이 없고 잘 정돈되지 않았다는 인상을 받았음.

(보통)

5. 예배 경험

현대적인 찬양대가 찬양을 인도했고, 악기들을 잘 다루었음.

찬양가사가 스크린에 잘 비쳐졌음.

음악은 아주 인상적이었고 감명을 주었음.

(최우수)

6. 사람들과 인사하기

인사 나누는 시간이 굉장히 짧았음.

그리고 형식적이라는 느낌이 들었음.

사람들도 그렇게 하는 것으로 생각하고 있는 것 같았음.

굉장히 기능적이었고, 진실함이 떨어져 보였음.

(보통)

7. 메시지

목사님이 시리즈 설교를 하셨는데 주를 위해 의롭게 살라는 말씀을 하셨음.

무슨 말인지 이해는 되었지만 굉장히 가식적이라는 느낌이 들었음.

나를 더 깊이 빠져들게 하지는 못했음.

나의 현재 상황과 별로 관계가 없는 얘기였음.

목사님이 강단에서 이리저리 움직이며 설교했는데 어색했음.

(보통)

8. 영적인 헌신

설교를 마친 후 그 메시지를 듣고 새롭게 헌신할 사람들을 불러 일으켰고, 많은 사람들이 일어나서 재헌신하는 기도를 하였음.

그리고 메시지에 맞는 찬양을 하였음.

(우수)

9. 방문자 환영

방문자들을 일어나게 하였고, 교회에서 조그만 선물을 준비해 놓았으니 나갈 때 특정장소에서 가져가라고 했지만 나는 잊어버리고 그냥 돌아왔음.

(보통)

10. 돌아감

예배가 끝난 후 나와 대화하는 사람이 아무도 없었음.

교회에 관해서 알려줄 사람도 없었음.

그 교회에 다시 갈 가능성은 희박하다고 생각되었음.

(나쁨)

목사님 교회에 방문한 사람들은 목사님의 교회를 어떻게 평가할까요?

그리고 우리는 어떻게 업그레이드할 수 있을까요?

현대예배의 동향

사람들이 가장 많이 모이는 교회의 시간대는 분명히 주일 낮 예배 시간일 것이다. 많은 사람들에게 한 장소에서 가장 크게 영향력을 줄 수 있는 기회도 예배시간일 것이다.

나는 미국에서 성장하는 교회의 예배 모습들과 준비 부분들을 눈여겨보면서 예배에 있어서 중요한 부분들을 정리해 보았다. 한 교회를 예로 들면서 전반적인 면을 다루어보겠다.

먼저, 예배를 드리러 오는 사람들에게 비쳐지는 첫인상을 정리해 보면 다음과 같다.

안내하는 남자들은 대부분 준수한 턱시도를 입고, 또한 여자들은 투피스 정장을 입고 있으며, 모두 고급스러운 명찰을 착용하고 있다. 아주 기쁜 얼굴로 "Good morning!" 하고 인사하면서 문 밖에서 환영해 준다.

그리고 그들은 주보를 나누어주는데, 주보의 첫 페이지는 대부분 그들이 드리고 있는 예배의 실황을 찍어놓은 것이다. 교회에 들어가는데 본당 앞을 꽃으로 아주 아름답게 장식해 놓아서 예배를 드리러 가는 사람들의 마음을 한층 더 편안하게 만들어 준다.

교회 예배 순서는 아주 단순하다. 예배 인도자는 한국에서 말하는 찬양 인도자인데, 그가 20~25분 정도 찬양으로 하나님께 영광을 돌리고, 그후에 담임목사가 나와서 헌금을 인도한다. 그리고 이번 주에 교인 중에서 응답받은 사람들의 기도문을 읽어 주면서 다시 한 번 교인 전체가 통성으로 기도를 한다. 말씀을 30분 정도 전하는 설교의 대부분은 적용에 관한 것이며, 자유스럽게 강대상을 왔다갔다하면서 말씀을 전한다. 마지막으로 결단의 시간을 갖도록 한다. 그리고는 담임목사가 잘 돌아가라고 하면서 간단한 축도로 끝을 맺는다.

지금 내가 말하고 있는 이 교회 분위기와 순서는 미국에서 성장하고 있는 교회들마다 거의 비슷하다. 이제 나는 한국 교회의 발전을 위해 몇 가지 제안을 하고 싶다.

새 포도주를 새 부대에 담으라는 말과 같이 예배도 변화가 있어야 한다고 믿는다.

미국도 1970년 전후로 예배순서가 점차적으로 바뀌어가다가 지금은 비슷한 예배순서로 진행하고 있다. 예를 들어, 젊은이들이 중심인 예배모임이라면, 그들에게는 형식이 아닌 내용이 중요하다. 그들의 질문은 "하나님의 임재가 정말 예배에서 일어날 수 있는가? 목사님이 하는 말은 진실인가? 그 말씀이 현재 내가 살아가는 데 무슨 유익이 있는가?" 하는 것이다.

지금 미국 예배의 흐름은, 담임목사의 설교가 예배에서 가장 중요한 부분이 아닐 수 있다. 현재 예배의 스타일은 어떠한 예배 부분에서도 성령님의 임재를 체험하도록 하고 있다. 그래서 찬양 인도자는 아주 중요한 부분을 차지하게 된다. 그들은 단순히 찬양을 인도해서 마음문을 열게 하는 것이 아니라 찬양을 통해서 충분한 은혜를 체험하게 하는 데 있다.

내가 느낀 바로는 철저하게 성령의 체험을 하도록 최선을 다하고 있다는 것이다. 찬양 사역자는 본인의 소견대로 또는 의사대로 찬양을 인도했고, 목사님 또한 말씀으로 은혜를 끼치고 있었다. 예배 중간에 기도응답을 또한 읽어줌으로써 우리 교회는 하나님께서 역사하고 계시다는 것을 강조하는 기회가 되게 하였다. 목사님은 설교를 대부분 다 외우고 솔직하게 자신을 보이면서 적용을 강조한다. 목사님 자체가 말씀에 사로잡혀 있다는 것을 성도들이 알 수 있어야 한다. 그리고 몇 번은 폭소를 터뜨린다. 그래서 예배는 기쁨과 존엄의 밸런스를 이루는 것이다. 굉장히 자유롭고 기쁨이 있는 동시에 하나님을 두려워하고 하나님의 권위에 순복하는 그러한 분위기다.

마지막으로, 결단의 시간이 중요하다. 내가 보기엔 이 부분에서 우리 한국 교회들이 좀 약하다는 생각이 든다. 목회자들이 순복할 수 있는 결단을 종용해야 한다. 설교 후 은은하게 반주를 하게 하면서 말씀에 은혜받는 자에게 도전을 주든지, 통성으로 기도를 시키든지, 그렇지 않으면 말씀과 연관되는 찬양을 부르든지, 또는 일어서라고 한다.

미국에서 프로 운동팀들은 시합 후 비디오를 보면서 개선해야 할 부분을 고쳐 나간다. 그렇다면 우리도 고쳐야 할 부분들이 없는지 매주 예배를 세밀하게 보면서 개선해야 하지 않겠는가!

고린도전서 10장 31절 말씀과 같이 "먹든지 마시든지 무엇을 하든지 하나님의 영광을 위해 하라"고 했다면, 예배만큼은 더욱더 하나님께 영광돌릴 수 있는 최선의 기회가 되어야 할 것이다. 이 기회를 우리는 결코 놓쳐서는 안 된다고 생각된다. 주님께서는 요한복음 4장 23절에 아버지께서 자기에게 예배하는 자들을 찾으신다고 했다. 그렇다면 우리가 드리는 예배는 하나님의 자녀로서 특권을 가지고 주님 앞으로 나아가는 행동이다. 예배는 우리가 하나님께 드리는 것이다.

원리는 변화시킬 수 없지만, 시대에 따라 담아야 할 그릇은 늘 바꿔 나가야 한다!

차례

Ⅰ. 미국의 메가교회의 특징과 한국 교회 미래 진단

출석 성도 2천 명 이상의 교회를 일컫는 메가교회, 불신자 전도 정착과 특화된 프로그램으로 급성장하고 있는 미국의 메가교회 사례를 통해 한국 교회의 미래를 전망해 본다.

현재 미국에서 가장 큰 이슈 중에 하나는 메가교회에 대한 이야기이다. 메가교회라는 것은 미국에서 출석 성도 2천 명 이상의 교회를 말한다. 메가교회에 관한 최고 전문가인 스캇 서마 박사에 의하면, 1970년 이전에도 20개 정도의 메가교회가 있었지만 1970년부터 메가교회가 주목받기 시작했다. 그 당시에는 30여 개 교회가 있었는데 스캇 서마 박사의 설문자료에 의하면 2000년에 600여 개로 증가되었고, 2005년에는 1,200개 이상으로 5년 동안 두 배의 성장을 보였다. 앞으로도 이 추세는 계속

될 전망이라고 내다보고 있다. 메가교회를 평하는 사람들 대부분이 현재 매스컴을 많이 타는 몇 교회만 대상으로 찬반을 이야기하고 있다. 그런데 사실 우리가 알지 못하는 초대형교회가 미국에는 얼마나 많이 존재하는지 모른다. 우리가 좀더 깊이 메가교회에 대해 연구하려면 전반적인 공통요소들을 찾아야 한다. 그리고 전체적으로 깊이 있는 연구를 통해서 그들의 장단점을 발견해야 한다고 생각한다. 필자는 이 글을 쓰면서 메가교회에 대해 알고 있는 부분과 아울러 오해받고 있는 부분도 얘기할 것이다.

미국 메가교회의 개념과 특성

2005년에는 네 명의 메가교회 목사님들이 쓴 책이 〈뉴욕 타임즈〉 베스트셀러에 올랐다. 어떤 책은 2,600만 권이나 팔려서 미국 역사상 비소설 부문에서 가장 높은 판매기록을 세우기도 했다. 또 미국 역사상 최고의 출석교회 성도 수인 3만 명에 이르는 교회가 나타나기도 했다.

하트포드 신학대학원 사회학 교수이며, 미국 감리교단, 나사렛교단, 루터란 교단에서 컨설턴트로 사역하고 있는 스캇 서마 박사는 1988년부터 초대형교회를 계속 연구하기 시작했다. 2005년에 스캇 서마 박사가 메가교회에 대한 연구 결과를 발표한 내용을 발췌해 보면 메가교회의 평균 성도 수는 〈표1〉과 같다. 메가교회의 52%는 성도 수가 2,000명에서 2,999명에 달했다.

또한 메가교회의 교단 분포를 보면 36%는 독립교단에 속해 있고, 20%는 남침례교단, 9%는 연합

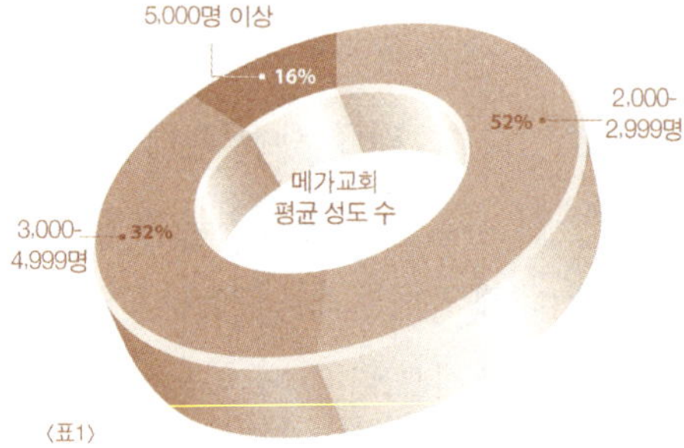

〈표1〉 메가교회 분포

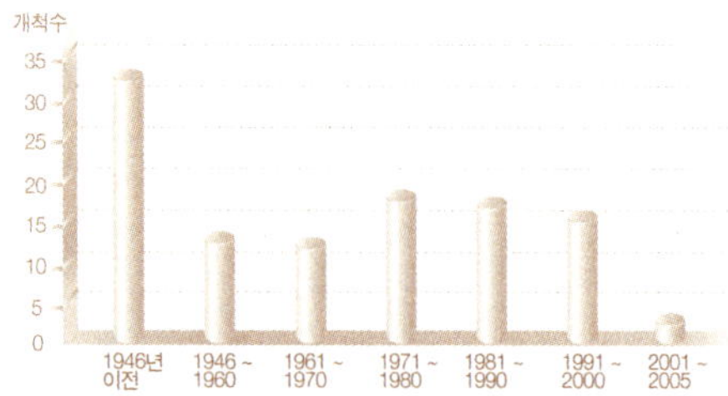

〈표2〉 연도에 따른 메가교회 개척분포

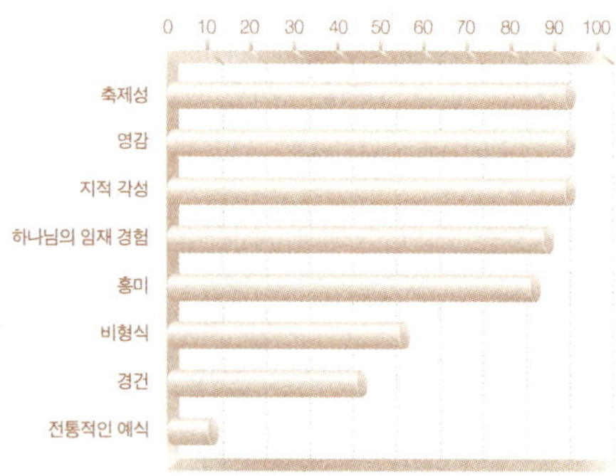

〈표3〉 메가교회 성도들이 생각한 대예배의 특성

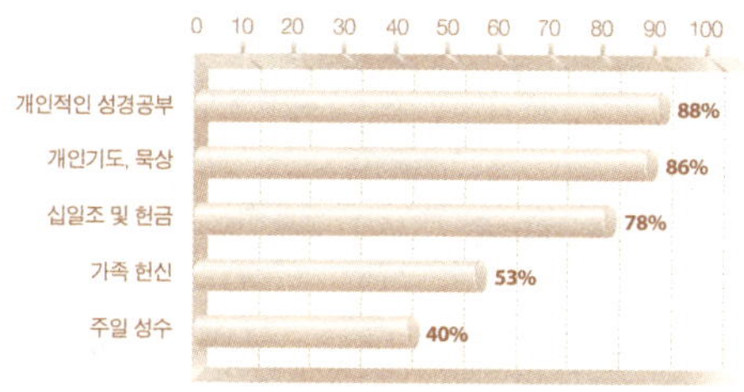

〈표4〉 메가교회 성도들의 생활 속 신앙적 요소

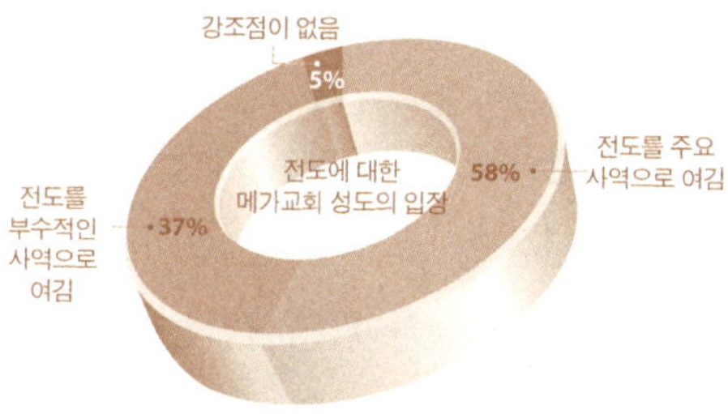

〈표5〉 전도에 대한 메가교회 성도들의 입장

감리교단이다. 그리고 하나님의 성회가 5% 순이다.

〈표2〉에서 보다시피 메가교회의 15% 정도는 15년 전후에 개척한 교회이다. 놀라운 것은 메가교회로 성장하는 데 가장 크게 공헌한 요소로 현대적인 예배를 들고 있다는 점이다.

〈표3〉은 메가교회의 성도들이 그들의 대예배 특성을 묘사한 것이다.

많은 사람들이 '대형교회는 신학이 약하다'고 말한다. 그러나 놀랍게도 메가교회 성도들의 78%가 강한 믿음의 확신과 가치를 나타내고 있다. 메가교회 성도의 40%가 주일성수를 하고 있으며, 개인적인 성경공부를 하는 성도의 수는 88%에 이르고 있었다. 그리고 개인적인 기도, 묵상생활을 하는 성도의 수는 86%에 이르고 있다(〈표4〉 참조).

메가교회의 전도와 성장을 보면 교인들이 다른 사람들을 교회에 데리고 오기를 즐거워하고 있음을 알게 된다. 설문결과에 의하면 전도를 교회 사역에서 가장 중요하게 생각하는 지수가 58%에 이르고 있다(〈표5〉 참조).

특히 15년 전에 개척되어 메가교회가 된 펠로우십교회, 펠로우십우드랜드교회, 노스포인트교회, 멕클렌버그교회 등과 더 오랜 역사를 가진 윌로우크릭교회, 새들백교회, 레이크우드교회 같은 교회는 성도의 50% 이상이 불신자 전도를 통해서 성장한 교회이다.

메가교회의 공통적인 특징들

이제 메가교회의 공통적인 특징들을 살펴보면 다음과 같다.

① 새로 성장한 메가교회들은 대부분 불신자 전도로 이루어졌다. 담임목사님들은 불신자가 이해할 수 있는 필요 중심적인 말씀사역에 집중했으며, 그들의 신앙은 복음주의이면서도 그들의 방법은 대중문화에 가장 가까운 접근방법을 택하고 있다.

② 기존의 메가교회들이 채울 수 없었던 가족적인 분위기를 소그룹 체제를 통해 채우고 있으며 이를 통해 철저하게 양육하고 친교하며 삶을 나눌 수 있도록 효과적으로 접목하고 있다.

③ 큰 교회를 이끌어가기 위해서 평신도 훈련과 평신도 지도자 훈련을 체계 있게 교육하고 있다.

④ 한 세대나 특별한 그룹의 사람들을 겨냥한 경우가 많다. 어떤 교회는 베이비붐 세대를 위한 교회로 알려져 있고, 어떤 교회는 도시로 모이는 흑인들을 위한 교회이다. 또 다른 교회는 도심 선교를 하기도 한다. 또한 열린 예배를 통해 구도자들에게 다가가기도 하고, 여러 다른 인종에게 다가가기 위한 특별 프로그램을 가지고 있기도 하다. 한 세대 또는 특별한 그룹의 사람들을 겨냥한 교회들이 대형교회로 성장하는 것은 불과 5~10년이라

는 단시간에 일어난 것이다.

⑤ 프로그램 중심의 사역이 아니라 사명 또는 목적 중심이라는 것도 주목할 만한 특징이다. 목적을 향해서 프로그램을 세우고 목적과 상관이 없는 것은 용납하지 않는 것을 보게 된다.

예를 들어, 라스베이거스에 있는 센트럴 크리스천 교회는 네 가지만 강조한다. 예배 참여하기(Plug in), 소그룹을 통해서 신앙의 성장 가져오기(Change up), 지역에 빛과 소금의 역할 하기(Live out), 나의 믿음을 다른 사람에게 전하기(Pass on). 그들은 이 네 가지를 강조하고, 이 네 가지만 하고 있다. 누구든지 예배에 참석하여 변화를 받고, 소그룹에 들어가서 성장하고, 함께 사역을 하고, 믿음을 나눈다. 그들은 이 네 가지를 끊임없이 반복해서 성도들에게 주입시키려고 하고 있다. 교회가 커지면 커질수록 시스템이 간략해야 한다. 간략해야만 누구든지 내가 어디 있는지 알아볼 수 있고, 다음 단계가 뭔지 알 수 있다. 그래서 그들은 이것을 매우 중요하게 생각한다.

⑥ 어린이 사역과 중 · 고등부 사역에 특별한 관심을 보이고 있다. 대형교회 담임목사들은 어린이들이 교회에 나오면 부모들은 자연적으로 오게 된다고 말한다. 이로 인해 어린이 사역에 물질적으로도 많이 투자한다. '어린이들이 다음 주에도 나오고 싶게 하라'는 명령이 떨어진다. 그래서 질 높은 선생님들과 어린이들이 좋아할 수밖에 없는 공간들을 만들어낸다.

미국 교회를 바라보면서 소망을 가지는 것은 메가교회가 작은 교회에게 수행능력에 대한 중요한 도움을 줄 수 있다는 점이다. 많은 미국 교회들도 지금까지 정통과 영성에만 치중하다가 하나님께서 주신 지혜(전략)는 등한시해 왔었다. 그러나 이러한 메가교회가 실시하는 전략세미나, 창의적인 세미나 등을 통해 다시 수행능력 쪽이 강화되는 것을 보게 된다. 영성과 수행능력이 조화를 이룰 때 교회는 건강하게 성장할 것이다.

Ⅱ. 성공적인 목회 이양을 이룬 제일자유복음주의교회 (Fisrt Evangelical Free Church)

세계적인 설교가 찰스 스윈돌 목사의 후임으로 제일자유복음주의교회에 위임받은 데일 벌크 목사. 그는 철저한 준비와 건강한 변화를 통해 위임 이후 1,000여 명 이상의 성도 수 증가를 일궈내며 모범적인 목회 이양을 이뤘다. 목회 세대교체 시기에 놓인 한국 교회를 향한 그의 제언을 들어본다.

한국 목사님 가운데 찰스 스윈돌(Charles R. Swindoll) 목사를 모르는 사람은 거의 없을 것이다. 찰스 스윈돌 목사는 미국뿐 아니라 세계적으로 설교집이 가장 많이 팔린 사람 가운데 한 명이다. 그의 설교방법이 미치는 영향력은 매우 컸고, 설교의 새로운 패러다임을 창조하였다고 평가받는다. 반면 그 유명세에 비해 그가 담임했던 교회에 관해서는 잘 모를 뿐 아니라 그의 후임인 데일 벌크(H. Dale Burke) 목사에 대해서는 더더욱 모르고 있는 것 같다.

필자가 데일 벌크 목사와 인터뷰를 하면서 어떻게 찰스 스윈돌 목사의 후임으로 오게 되었는지에 대해 물었을 때 그는 다음과 같은 이야기를 들려주었다.

"저는 찰스 스윈돌 목사님이 제일자유복음주의교회(Evangelical Free Church)를 22년 만에 사임하고 1994년에 신학교 총장이 되는 것을 큰 호기심을 가지고 지켜보았습니다. 찰스 스윈돌 목사님의 서적과 방송 프로그램을 젊은 목사로서 저의 인생을 위한 '삶의 통찰력'(Insight for Living)과 저는 '설교를 위한 자료'(Input for Preaching)로 사용하고 있었습니다. 그리고 그분은 오늘도 여전히 효과적이며 중요한 가르침으로 저의 개인적인 영웅과 역할 모델의 한 사람으로 남아 있습니다.

어느 날 동료 목사 그룹과 같이 점심을 먹으면서 스윈돌 목사님의 후임자에 대하여 토론을 하고 있었습니다. 한 목사가 "어떤 바보가 스윈돌 목사의 뒤를 잇겠는가?" 라고 말했을 때 일행

모두는 그 말에 동의했습니다. 저 역시 머리를 흔들면서 조용히 동의했습니다. '나도 아니야.' 1년이 지난 1995년 12월 10일 주일 아침이 되었습니다. 찰스 스윈돌(Charles Swindoll) 목사님과 저의 멘토인 하워드 헨드릭스(Howard Hendricks)는 저에게 제일자유복음주의교회의 새로운 담임목사로 위임을 맡아줄 것을 요청했습니다. 제 마음은 그 점심 장소로 급하게 되돌아갔습니다. '지금은 누가 바보인지 알고 있다!' 저는 그 일을 원하지 않았습니다. 하지만 하나님께서 인도하셨습니다. 하나님이 인도하실 때는 언제나 따르는 것이 최선입니다. 하나님과 함께한다면 위험한 지경에서도 언제나 더욱 안전하기 때문이지요."

데일 벌크 목사는 1995년 제일자유복음주의교회 담임목사로 부임하였다. 현재 그 교회 성도 수는 거의 6천 명에 이르고 있다. 그는 그 교회에서 아주 영향력 있었던 찰스 스윈돌 목사의 후임이자 교회 설립 이후 세 번째 담임목사로 부임하였다. 부임 당시에 약 5천 명의 성도들이 있었는데 현재는 6천 명의 성도가 출석하고 있으므로 성도 수가 1천 명 정도 증가한 것이다.

여기서 필자의 관심사는 설교가로서 20세기에 가장 탁월한 사람 중 한 명인 찰스 스윈돌 목사의 후임으로 어떻게 그 교회에 적응하였고, 어떻게 리더십을 발휘하였는지에 있었다. 그가 부임한 첫째 주에는 성인 출석이 25% 줄었다고 한다. 그런 어려운 상황 속에서 세계적인 설교가를 대신한 무명의 목회자가 어떻게 난관을 이겨내고 교회를 성장시켰는지에 대한 부분은 미래 한국 교회가 앞으로 훌륭한 1세대 목회자의 후임자를 세워 교회를 성장시키는 데 매우 유익이 될 것이다.

성공적인 목회 이양을 위하여

후임자에게 사역이 잘 이양되게 하기 위해 어떤 일을 해야 하는지 묻자 데일 벌크 목사는 아래와 같이 여섯 가지 점검사항을 강조한다.

"첫째, 이양을 서두르지 마십시오. 찰스 스윈돌 목사님이 떠나시고 제가 부임하기까지 거의 2년간 담임목사 공백이 있었습니다. 저는 그것이 오랫동안 아주 사랑받은 목회자가 있었던 교회의 건강함이라고 생각합니다. 교인들은 새로운 지도력을 애타게 사모하기 시작해야 할 필요가 있습니다. 이양 기간 동안 목회진

H. Dale Burke

을 안정시키십시오. 지도위원회에서는 기존 목회진들에게 이양을 위해 계속 머물러주도록 권하였습니다. 첫날부터 대대적으로 바꾸지 않고 서로 알게 될 시간을 가진 후 새 지도자를 찾을 것이라고 약속했습니다. 목회진을 신뢰하고 믿는 잠재 후보자들과 의견을 나누었습니다. 비록 잠시 동안 이 교회에 머문 후에야 마음대로 변화를 시도할 수 있었지만 그들이 원하는 것은 제가 와서 현재 교회를 섬기고 있는 목회진과 서로 알게 되는 것이었습니다. 그렇게 한다는 것이 저는 몹시 기뻤습니다."

"둘째, 사전 준비를 완전히 하십시오. 어떤 다른 후보자들도 저처럼 교회에 대하여 많은 질문을 한 사람이 없었다고 청빙위원들이 밝혔습니다. 전혀 이해하지도 못하는 문제에 직면하지 않기 위해서는 실제로 그 교회에 대하여 사전 준비를 완전히 해야 할 필요가 있습니다. 청빙위원들이 저와 인터뷰를 한다고 생각했겠지만 사실은 저도 마찬가지로 청빙위원들을 철저하게 인터뷰했습니다. 좋든 나쁘든 청빙위원들은 우리 교회가 어떤 교회인지를 정직하게 말해 주었습니다. 이양 기간 동안에 그들은

교회에 대한 조사를 해서 결과를 요약한 문서를 만들었습니다. 그 조사에는 '앞으로 나아가면서 직면하게 될 도전들'이라는

목록도 있었습니다. 청빙위원들은 자신들을 알고 있었고, 제가 무엇에 직면하게 될지도 알고 있었습니다."

"셋째, 당신은 누구를 따를지를 깨달으십시오. 비록 저보다 한 세대 앞선 아버지뻘이 될 수 있는 찰스 스윈돌 목사님과 제가 다르다는 점은 알고 있었지만 각자의 설교와 사역 철학에 대한 근본 접근법은 서로 양립할 수 없다는 것을 감지하였습니다. 어떤 분야에서는 변화의 필요가 있었지만 성경과 핵심가치에 대한 접근방법에 있어서는 모순이 되지 않았습니다. 찰스 목사님과 저는 열정과 존경, 그리고 심지어 유머의 끼를 가지고 하나님의 말씀을 사랑하며 전달하는 '할아버지'이면서 '교수'이신 댈러스 신학교의 헨드릭스 박사님에게서 똑같이 지도를 받아 온 어떤 공통적인 사역 유전자를 갖고 있습니다. 찰스 목사님과 저는 웃는 것과 주님을 즐기는 것을 좋아합니다. 그런 기쁨과 웃음을 이해하는 마음은 제일자유복음주의교회에 중요한 것이었습니다. 우리 모두는 성경적임, 적절함, 성실함, 그리고 자비라는 공통적인 핵심가치들을 품고 예배, 교육, 친교와 전도로 표현되는 교회의 주요 사항들에 대해 깊은 헌신을 해 왔습니다."

"넷째, 계속 겸손하십시오. 사람들이 "목사님을 위

하여 어떻게 기도할 수 있을까요?" 라고 물을 때마다 제가 가장 중요하게 여기는 기도 요청은 베드로전서 5장 5절 말씀입니다. '하나님이 교만한 자를 대적하시되 겸손한 자들에게는 은혜를 주시느니라.' 제가 찰스 스윈돌 목사님을 이어 대단한 사람이 되어야겠다는 생각을 하기 시작하면 저는 심각한 어려움에 빠집니다. 제 아내를 비롯하여 교회 직원들도 제가 이 모든 것에 대한 바른 견해를 유지하도록 돕고 있습니다. 사람들이 저에게 엄청난 격려를 해주지만 또 그들은 저로 하여금 현실을 직시하도록 해줍니다. 특별히 자녀가 제가 그렇게 하도록 도와줍니다. 제 자녀들이 – 17~22세의 세 자녀가 있습니다. – 저에게 정직하게 대해 주기 때문에 겸손을 유지하기가 어렵지 않습니다. 설교가 서툴면 그것에 대한 자녀들의 말을 듣기도 합니다. 교회 직원들과 교인들은 좋지 않은 내용을 말하기 두려워할지라도 자녀들은 솔직하게 설교가 어떠하였는지를 말해 줍니다. 힘든 예배를 드린 후 오후에 집으로 차를 운전하고 있는데 그 당시 초등학교에 다니던 아들이 '아빠, 보통은 아주 잘하셨는데… 하지만 오늘은… 글쎄, 아버지 설교가 너무 오랫동안 밖에 내놓은 김빠진 코카콜라 같았다는 거 아세요? …내용은 모두 있었지만 그냥 생명력이 없던 걸요!' 라고 말했죠. 저는 그날을 결코 잊지 못할 것입니다. 그날 이후로 간혹 아들에게 물어보곤 합니다. '오늘은 생명력 요인이 어땠니?' 라고요."

"다섯째, 현재의 직원들과 팀을 짜십시오. 제일자유복음주의 교회에 있던 모든 중요한 목회 직원들은 떠나지 않고 함께 남았습니다. 모든 핵심 목회 직원들은 저와 함께 그대로 있으면서 저를 후원했습니다. 그들의 친교와 후원이 없었더라면 저는 살아남지 못했을 수도 있었을 것입니다. 서로를 알아가는 도중에 충돌도 있었고, 힘들 때도 있었습니다. 제 스타일은 찰스 목사님의 스타일과 달랐기 때문에 직원들이 제 스타일에 익숙해져야 했습니다. 역으로 저 역시 직원들의 스타일에 익숙해져야 했는데 그들의 스타일도 제가 함께 일했던 직원들과 달랐기 때문입니다. 따라서 우리는 종종 서로를 미치게 만들기도 했습니다. 직원들은 저를 좌절시키고, 저는 그들을 분개하게 만들기도 했습니다. 그러나 우리는 서로를 사랑하면서 그런 과정을 통하여 성장하게 되었습니다. 저에게는 그들이 필요했고, 그들은 저를 필요로 했습니다. 새 지도자가 이런 중요한 직원들의 후원 없이 인도하게 된다면 그것은 목회직의 자멸을 재촉할 것입니다."

"여섯째, 새로운 비전을 가지고 인도하면서 인내하십시오. 건강한 교회들은 위기에 처한 교회들보다 더 천천히 변화한다는 것을 기억하십시오. 건강하지 못하거나 죽어가는 교회들은 빨리 변할 수 있습니다. 자신들이 위기에 처해 있다는 사실을 알고 있기 때문입니다. 그런 교회들은 긴급사태에 대처하기 위하여 응급조치가 필요한지 아니면 응급수술을 해야 할 때인지를 알고 있습니다. 제일자유복음주의교회는 그런 교회가 아니었습니다. 제가 만일 어떤 건강한 교회에 부임해서 '난도질하듯' 분석하려고 했었더라면 그 교회 성도들의 풍부한 유산에 모욕을 주는 일이 되었을 것입니다. 저는 그렇게 하지 않고 '건강한 교회도 변화가 필요한 이유' 라는 제목의 설교를 했습니다. 그 설교를 통해 저는 반응에 이끌린 변화가 아니라 기회의 이끌림을 받아 변화가 일어나는 혁신적이고 개척적인 문화를 일으키려는 시도를 하였습니다. 이런 변화는 지속적이고 자연적인 성장의 일부로써 하나님과 새로운 꿈을 함께 나누어 가지는 것입니다."

건강한 교회성장을 위하여

교회가 건강하게 성장하려면 어떤 요소들을 가지고 있어야 되는지에 대해 질문을 하자, 그는 먼저 건강한 교회에서 절대로 변하면 안 되는 것이 있다면서 말을 시작했다.

"그것은 메시지와 사명입니다. 갈라디아서 1장 8절에서 바울은 세상이 메시지를 변하게 하려고 애쓰기 때문에 조심하라고 말합니다. 만일 사단이 우리에게 복음을 변하게 한다면 우리의 모든 사역을 단단히 묶어버립니다. 메시지는 절대로 변하면 안 됩니다.

그리고 결코 교회의 사명이 변해서는 안 됩니다. 마태복음 28장 18~20절에서 예수님은 교회의 근본적인 사명과 목적을 '가서 제자를 삼는 것' 이라고 하셨습니다. 잃어버린 사람들에게 가서 영향을 미치는 것은 제자를 삼고, 그들을 가르치고, 그들에게 세례를 주고, 교회의 일원으로 인도하는 과정의 일부입니다. 이것이 우리의 목적입니다. 이것이 우리의 사명이요, 우리의 위임령입니다. 그리고 건강한 변화는 이러한 것이 변해서는 안 된다는 것을 기억하는 것에서 출발합니다.

교회가 건강하게 성장하기 위해 우리가 초점을 맞추어야 하는 것은 바로 이것입니다.

"첫째, 여러분은 변화를 이루어가면서 크기가 아닌 건강에 초점을 맞추십시오. 에베소서 4장 16절 이하를 보면 '그리스도의 몸을 세우는 것'이 목표가 되어야 한다고 말합니다. 목표는 단지 숫자적으로 성장하는 것이 아니라 그리스도의 건강한 몸을 세우는 것입니다. 건강에 초점을 맞추시기 바랍니다. 그렇다면 크기는 자연히 해결됩니다."

"둘째, 잃어버린 자에게 다가가는 데 초점을 맞추십시오. 정말로 성도들이 아닌 잃어버린 자에게 다가가는 데 초점을 맞추어야 합니다. 교회들은 흔히 주변에서 거래를 합니다. 그러나 우리는 교회에 다니지 않는 공동체를 관통하기 시작해야 합니다. 그것이 우리가 여기 있는 이유의 하나입니다. 교회가 다른 크리스천들을 유인하는 장소가 되는 유혹을 많이 받습니다. 특별히 오늘날과 같은 사회에서 크리스천들은 이 교회에서 저 교회로 옮기는 것을 아주 편하게 생각합니다. 성도들이 아닌 잃어버린 자에게 다가가는 데 초점을 맞추기 바랍니다."

"셋째, 사람들을 세우는 데 초점을 맞추십시오. 단지 프로그램이 아닌 사람들을 세우는 데 초점을 맞추시기 바랍니다. 골로새서 1장 28절에서 '우리가 그를 전파하여 각 사람을 권하고 모든 지혜로 각 사람을 가르침은 각 사람을 그리스도 안에서 완전한 자로 세우려 함이니'라고 말씀하고 있습니다. 우리의 목표는 모든 사람을 그리스도 안에서 완전하게 세우는 것입니다. 변화를 만들어가면서 사람들을 세우는 데 중점을 둡시다. 건강한 제자들을 더 잘 세우고, 한 사람을 영적인 유아에서 성숙한 성인으로 만들기 위해 우리는 어떤 변화를 일으킬 수 있습니까? 우리 한 사람의 변화는 마지막에 커다란 변화를 가져옵니다."

"넷째, 여러분이 교회를 성장시키면서 지도자를 성장시키는 데 초점을 맞추십시오. 바울이 디모데에게 '또 네가 많은 증인 앞에서 내게 들은 바를 충성된 사람들에게 부탁하라 저희가 또 다른 사람들을 가르칠 수 있으리라' (딤후 2:2)고 하면서 매우 강조한 이유가 바로 거기에 있습니다. 몇몇의 충성된 지도자들을 가르치기 바랍니다. 지도자들을 양성하기 위해, 장년의 친목 리더십을 양성하기 위해, 가정성경공부와 남성 모임, 여성 모임 등을 위한 소그룹 지도자들을 양성하기 위해 더 많은 일을 하는 데 반드시 힘써야 합니다. 그러면 우리의 리더십 기반을 확장할 수 있습니다. 만일 교회가 의존하는 이러한 리더십의 기반을 성장시키지 못한다면 그 교회는 머지않아 상부가 무거워지고 정말로 좁은 리더십 기반을 가지게 되어서 뒤집어진 피라미드처럼 됩니다. 여러분에게는 진정한 지도자들의 그룹과 다가오는 많은 사람들이 있습니다."

"다섯째, 변화에 관해 논의할 때 여러분의 약점이 아닌 장점에 초점을 맞추십시오. 예를 들어, 예배를 생각해 봅시다. 아시겠지만 예배는 우리가 모든 변화를 경험하는 영역입니다. 우리 교회에서 예배는 언제나 힘이 되었습니다. 하지만 '힘이 되었기에 변경할 수 없습니다' 라고 말한다면 어떻게 되겠습니까? 그것은 약점이 될 것입니다. 왜냐하면 시대를 따르기 위해 변화하거나 발전하는 것을 결코 허용하지 않는다면 어떠한 장점도 결국에는 약점이 될 것이기 때문입니다. 여러분의 장점을 지키는 유일한 방법은 필요에 의해 작은 변화를 기꺼이 허락하는 것입니다. 이것이 훌륭한 생각입니다. 그러므로 변화를 통해 여러분의 장점을 강하게 유지한다는 것을 확신하기 바랍니다."

Ⅲ. 셀과 다양한 예배로 성장한 노스코스트교회 (North Coast Church)

미국 최초의 멀티사이트 교회인 노스코스트교회. 현재 매주 6천 명의 성도가 23개의 주일예배를 드리는 교회로 성장하기까지의 과정과 미국의 대표적인 메가교회들도 배우고자 하는, 그 끊임없는 성장요인인 지성전의 노하우를 래리 오스본 목사에게서 들어본다.

노스코스트교회(North Coast Church)는 LA에서 샌디에이고로 가는 길목인 비스타 지역에 위치하고 있다. 노스코스트교회는 1980년, 당시 28세의 청년 목회자였던 래리 오스본(Larry W. Osborne) 목사를 담임목사로 청빙하였다. 래리 목사가 부임한 1980년에 노스코스트교회의 성도 수는 어른과 어린이를 다 합쳐 127명이었다. 래리 목사는 개척 초기부터 소그룹 사역에 집중하였고, 후에 소그룹 멤버들이 교회의 중추적인 역할을 담당하게 되었다. 매주 소그룹 모임에 성인의 80%가 참가하는 것이 교회의 목표였는데 1983년 이후 이 목표가 매년 이루어져 오고 있다.

1990년에는 매주 두 번의 예배를 드렸고, 성도 수가 800명에 이르렸다. 1998년에는 네 번의 주일예배를 드렸다. 그러나 성도 수가 늘어감에 따라 예배당이 턱없이 부족하게 되었다. 교회 리더들은 부족한 공간을 마련하기 위해 새로운 건물을 구입하기보다 예배를 더 신설하기로 결정하였다. 그리고 다른 건물을 임대해서 스크린과 빔프로젝트를 이용한 화상예배를 드리기로 했다. 요즘은 멀티사이트 교회(지성전이 여러 개인 교회)가 점점 많아지고 있는데 노스코스트교회는 미국 최초의 멀티사이트 교회이다.

현재는 세 개의 지성전을 가지고 있으며, 한 교회 안에서도 7개의 다른 스타일로 예배를 드리고 있다. 그리고 매주 6천 명 이상의 성도가 23개의 주일예배를 드리는 교회로 성장하였다. 노스코스트교회는 소그룹 사역과 다양한 스타일의 예배를 드림으로 끊임없이 성장하고 있다. 윌로우크릭교회와 새들백교회 등이 노스코스트교회의 다양한 지성전의 노하우를 배우기 위해서 노스코스트교회의 지성전 세미나에 여러 번 참가하기도 했다. 래리 오스본 목사에게서 교회성장의 비결을 듣는다.

목사님의 가장 큰 장점은 무엇입니까?

Larry W. Osborne

하나님의 말씀을 성도들이 이해하기 쉽게 적용 중심으로 전하는 것이라고 생각합니다. 저희 교회 성도들은 제 설교가 심플하면서도 행동을 가져오게 하는 설교라고 합니다. 또한 저는 조직에 강한 목사입니다. 리더십의 필요성과 교회가 어떤 시스템을 가지고 성장해야 하는지 늘 염

두에 두고 스태프진과 평신도 사역자들과 늘 좋은 관계를 가지며 훈련시킵니다. 그리고 그들이 사역을 잘할 수 있도록 돕고 있습니다. 또 저는 하나님께서 시대와 상황에 따라 어디에 영적으로 가장 큰 파도를 치시는지를 눈여겨보면서 거기에 사역을 집중하는 스타일입니다. 다른 말로 표현하자면, 내 비전에만 너무 집중하여 옆도 돌아보지 않는 목사가 아니라 하나님께서 영적 파도를 칠 때는 그 기회를 놓치지 않는 목회자입니다. 저는 제 자신을 있는 그대로 노출하고 표현하려고 굉장히 노력하고 있습니다. 저 아닌 다른 사람의 모습이 아니라 저의 솔직한 모습을 통해서 사람들이 저에게 쉽게 다가오게 하고, 저도 성도들에게 쉽게 다가가는 그런 목회자인 것 같습니다.

노스코스트교회가 성장하는 데 가장 중요한 요소는 무엇이었습니까?

제가 처음 이 교회에 부임한 것은 1980년도였습니다. 어른 목회에 전혀 경험이 없는 저에게는 부임한 지 3년 동안이 굉장한 갈등과 적응의 시간이었습니다. 그 당시에는 제가 전혀 성장하지 못했습니다. 그러나 1983년도부터 성도들 간의 관계를 도모하고, 상호 책임을 지게 하며, 공동체의 중요성을 깨닫게 해야겠다는 생각이 많이 들었습니다. 왜냐하면 저희 교회에 적은 숫자지만 방문하여 등록하는 이들이 꾸준히 있음에도 사람들이 뒷문으로 계속 빠져나가는 모습을 보게 되었기 때문입니다. 1983년에 셀 시스템을 도입했는데 이것은 앞문도 아니고 옆문도 아니고 뒷문으로서의 역할을 하기 위해서였습니다. 성도들이 여기서 관계를 갖고 상호 책임을 지고 헌신할 수 있도록 만들었습니다. 그때부터 교회가 성장하기 시작했습니다. 그러나 저희들이 하고 있는 셀은 설교를 기초한 내용을 가지고 이끌어갑니다. 그래서 많은 것을 요구하기보다는 일주일에 하나라도 확실히 이해시키는 데 목적이 있었습니다. 놀랍게도 1983년부터 지금까지 전체 교인 수의 80%가 참여하고 있습니다.

1990년대에 들어서며 예배를 두 번 드리기 시작했으나 1998년에 와서는 더 이상 성

도의 수용이 불가능했습니다. 우리는 장소의 한계를 느꼈습니다. 그리고 좋은 시간대에 이미 예배를 드리고 있는 상황이라 더 이상 좋은 시간도 찾을 수 없었습니다. 또 예배를 준비하는 사람들이 거의 탈진 상태에 이르렀습니다. 그래서 저희가 생각해낸 방안은 지성전을 세우는 것이었습니다. 이것은 모든 리더들과 함께 의논해서 동의한 결과였습니다. 그래서 지금은 세 개의 지성전을 가지고 있습니다.

우리는 큰 건물을 구입하는 것이 힘이 들어 본 성전을 중심으로 작은 공간들을 사들이면서 동시다발적으로 다른 스타일로 예배드리는 사역을 시작했습니다. 현재는 일곱 가지 다른 스타일의 예배를 드리고 있는데 다섯 가지 다른 스타일의 예배는 동일한 시간대에 드려지고 있습니다. 예를 들어, 전통예배를 좋아하시는 분은 전통 예배로 가고, 현대음악을 좋아하시는 분은 현대적인 예배로 가고, 카페 스타일의 예배를 좋아하시는 분은 카페 스타일의 예배로 갈 수 있습니다.

제가 토요일 저녁예배에서 설교를 한 번 하면 그때 제 설교를 비디오로 녹화해서 주일에 드리는 모든 예배 때 그것을 사용하게 됩니다. 인도자나 음악은 청중의 취향에 맞도록 하고 있습니다. 주일 저녁 7시에 저희들이 컨트리송을 중심으로 하는 예배를 드리는데 설교를 이미 녹화해 놓았기 때문에 제가 더 이상 설교를 따로 할 필요가 없습니다. 즉 설교를 또 한 번 할 필요 없이 또 하나의 예배를 만들 수 있었습니다. 저희 교회의 가장 큰 성장 원인은 좋은 리더십과 설교에 기초한 셀 그룹들과 다양한 예배를 동시에 드리는 것에 있습니다.

그렇다면 적용 중심의 설교란 무엇입니까?

성도들이 삶을 어떻게 살아야 하는지에 대해서 먼저 전한 후에 왜 그렇게 살아야 하는지 하나님의 말씀을 들려주는 것입니

다. 예전에는 성경말씀을 먼저 말하고 적용에 대해서 이야기했지만, 이제는 적용부분을 먼저 얘기하고 그에 따른 적절한 성경말씀을 인용합니다. 적용이 필요한 이유를 하나님의 말씀이 분명하게 설명해 주기 때문입니다.

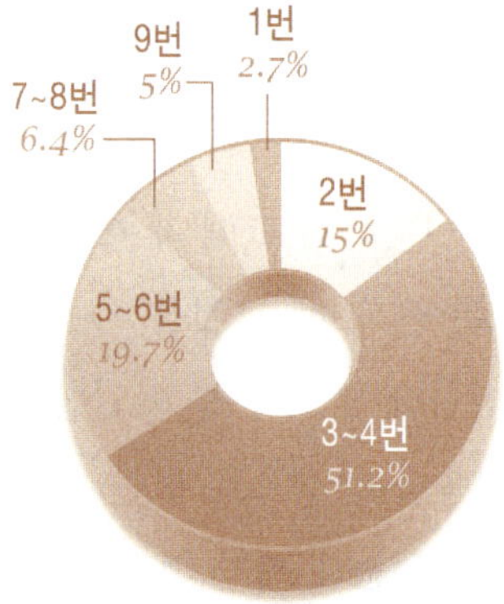

〈메가교회의 주일 예배 횟수〉

노스코스트교회가 앞으로 집중할 사역은 무엇입니까?

첫째로는 지역사회 봉사입니다. 이제 불신자에게 교회로 오라고만 해서는 안 된다고 생각합니다. 그래서 저희들은 교회에 대한 광고를 전혀 하지 않습니다. 그것보다는 성도들로 하여금 불신자를 섬기고 사귀면서 교회에 데려오는 것을 가장 중요시하고 있습니다. 이제는 교회가 먼저 그들을 찾아가는 것이 중요합니다. 그래서 저희 교회는 부활주일이 지난 2주 후면 주일에 교회에서 예배드리지 않고 모든 성도가 지역으로 나가서 지역사회에 봉사하는 날로 정하고 있습니다.

또 한 가지는 많은 메가교회의 열린 예배를 통해 사람들이 많이 모여들고 있지만 제자훈련이 약하면 헌신도가 약할 수 있습니다. 또 소비 중심적인 성도들이 많아질 수 있다는 염려가 듭니다. 그래서 앞으로의 메가교회에는 제자훈련이라는 아주 중요한 과제가 앞에 놓여 있습니다. 저희 교회도 마찬가지로 예수 그리스도에게 헌신된 제자를 만드는 데 주력하려고 합니다.

지역사회에서 노스코스트교회를 어떻게 보고 있습니까?

저희가 광고를 하고 있지 않아서 잘 모르겠지만 저희 교회를 긍정적으로 바라봐 주시고 존경하고 있다는 것을 실감하고 있습니다.

노스코스트교회의 전도방식은 무엇입니까?

철저하게 관계 중심적인 전도입니다. 교인들이 아는 사람들을 데리고 오는 것이 가장 효과적이고, 가장 좋은 전도방식입니다. 그래야 데리고 온 사람들을 통해서 후속 조치를 할 수 있기 때문입니

다. 저희 교회는 성도들이 불신자를 초청해 오는 것이 전도의 대부분을 차지하고 있습니다.

노스코스트교회는 광고를 하지 않으신다는데 특별한 이유가 있나요?

저희는 불신자들이 성도의 입소문을 통해서 교회로 나오게 합니다. 교회가 광고를 하지 않는 이유는 첫째로, 사람들이 너무 많이 오면 교회 여건상 다 감당할 수 없기 때문이고, 그들에 대한 후속 조치를 할 수 없기 때문입니다.

둘째로, 사람들이 화려한 광고를 보고 교회에 왔다가 광고와 다른 실제적인 교회의 모습에 실망할까봐 그렇습니다.

결론적으로 노스코스트교회뿐 아니라 현재 미국의 메가교회의 흐름은 지성전을 세우는 것이다. 그리고 다양한 예배를 동시에 드림으로 본인들이 원하는 스타일의 예배를 드릴 수 있게 하는 데 있다. 지성전에 관한 내용은 스캇 서마 박사가 연구한 통계자료를 보면 더욱 확실히 알 수 있으므로 아래에 첨부한다.

메가교회는 예배 참석자를 위한 충분한 공간을 위해 다른 방법들을 찾아냈다.

- 적어도 50%의 메가교회들은 충분한 공간을 위해서 지성전을 사용하고 다수의 예배를 드리고 있다.
- 이들 중 절반은 대예배와 매우 다른 형식의 예배를 드리고 있다.
- 메가교회의 37%는 지난 5년 이내에 적어도 하나의 지성전을 세웠다.

메가교회의 27% 이상은 지성전에서 예배를 드린다(5년 안에 5% 늘어남). 그리고 다른 27%의 메가교회는 이 방법을 고려하고 있다. 여러 성전을 가진 교회들 중 75%는 한두 개의 지성전을 가지고 있다. 그러나 10%의 메가교회는 다섯 개 이상의 지성전을 가지고 있다. 22%의 메가교회가 2000년 이후에 지성전을 건축하기 시작했다. 34%의 메가교회가 본성전에서 드리는 예배의 형식과 전혀 다른 형식으로 지성전에서 예배를 드린다.

Ⅳ. "사도행전적 교회를 세웁니다" – 시티교회(The City Church)

오리건 주의 한 교회에서 20년 동안 청소년 사역을 했던 웬델 목사는 1992년 워싱턴 시에 시티교회를 개척하였다. 개척 당시 성도 수가 40명이었던 교회를 현재 6천여 명이 예배드리는 교회로 급성장시킨 웬델 목사의 목회철학과 함께 시티교회가 성장할 수 있었던 비결에 대하여 들어본다.

시티교회는 6천여 명이 예배를 드리는 교회로 워싱턴 주 래드만 시에 있다. 시애틀에서 가장 큰 교회 중에 하나이며, 가장 빨리 성장한 교회이다. 현재 네 개의 지역에 지성전을 갖고 있다. 올해는 금융도시인 워싱턴 시에 지성전을 건축하려고 준비하고 있다. 시티교회는 다양한 사람들로 구성된 다민족 교회이다. 20대에서 60대까지, 가난한 사람, 부자, 백인, 흑인, 황인들의 독립교회이다. 이들이 지향하고 있는 교회 모델은 사도행전과 같은 교회이다.

현재 담임하고 있는 웬델 스미스(wendell smith) 목사는 1992년에 시티교회를 개척하였다. 웬델 목사는 시티교회를 개척하기 전에 오리건

주의 한 교회에서 20년 동안 청소년 사역을 하기도 했다. 시티교회를 개척하기 전에 웬델 목사와 사모는 교회 이름을 어떻게 지을까 고민하다가 말씀을 보면서 기도하는 중에 계속 '시티'라는 이름이 떠올라서 교회 이름을 짓게 되었다. 1992년 개척 당시 성도 수는 40명이었는데 같은 해 연말에 성도 수가 3백 명으로 증가하였고, 그 다음 해에는 5백 명으로 성장하였다. 그리고 1997년에는 1천 2백 명으로 급성장했다.

Wendel Smith

시티교회의 수석 부목사인 주드(Jude Fouquier) 목사는 본 인터뷰를 통해 '비전을 제시하는 자, 외유내강의 리더십, 끊임없는 기도'라는 표현으로 웬델 스미스 담임목사를 소개하였다.

시티교회를 방문해 보면 성도들이 살아 있는 역동적인 예배를 드리는 모습을 보게 된다. 필자가 그 교회를 방문할 때마다 찬양이 살아 있고, 뛰어난 유머감각을 지닌 말씀과 난처한 이슈도 용기 있게 전하는 목사님의 모습을 보게 된다. 그리고 헌금을 할 때마다 부교역자가 올라와서 헌금의 중요성을 강조하면서 헌금을 드리는 것도 인상 깊다. 다음은 시티교회 수석 부목사인 주드(Jude Fouquier) 목사와의 인터뷰 내용이다.

시티교회가 급성장할 수 있었던 원인은 무엇입니까?

하나님 앞에는 지름길이 없습니다. 단지 심고 거두는 원리만이 있습니다. 웬델 목사님은 이 교회를 개척하기 전에 오리건 주에서 20년 동안 사역을 하셨는데 그 기간 동안 인격이 성숙되고 단련되면서 교회사역의 모든 것을 배웠기 때문에, 교회를 개척

해서 16년 만에 이렇게 급성장한 것은 특별한 것이 아니라 단지 거두는 과정일 뿐이라고 생각합니다. 하나님 앞에서 훈련된 만큼 사역의 열매가 있는 것입니다.

시티교회라고 하면 연상할 수 있는 가장 큰 특징은 무엇입니까?

한마디로 말하자면, 시티교회는 '기도하는 교회'라 할 것입니다. 한국에는 새벽기도가 있지요. 저희 교회도 한국처럼 매일 아침마다 기도회가 있습니다. 또 토요일 밤에는 주일예배를 위해서 수백 명이 함께 모여 중보기도를 하고 있습니다.

주드 목사님이 보시기에 담임목사님의 달란트는 무엇이라고 생각하시는지요?

담임목사님은 거대한 비전을 제시하는 분입니다. 그러나 그 비전을 이루어가는 과정에서 사람들을 일방적으로 몰아붙이는 것이 아니라 사람들에게 굉장히 친절하시고 먼저 섬기십니다. 그리고 주는 것을 매우 좋아하십니다. 내적으로 강하지만 외적으로는 굉장히 다정다감하십니다. 제 생각에 그것이 참 중요한 리더의 자질이 아닐까 합니다. 그리고 믿음의 은사가 있으시다고 생각합니다. 웬델 목사님은 불가능한 것을 늘 가능케 하시는 하나님을 모시고 있는 것 같습니다. 그래서 많은 교인들에게 큰 존경의 대상이 되고 있습니다. 그분은 누구도 지성전을 생각하지 못했을 때 하나님의 응답을 받고 사람들을 설득하면서 계속 세워 나가고 있습니다. 앞으로 최소 열 곳을 더 세우실 것 같습니다. 또 그분은 하나님께서는 못할 것이 없다고 말로만 하는 것이 아니라 그것을 직접 행동으로 보여주십니다. 그리고 굉장히 좋은 남편과 아버지로서 가정적인 사람입니다.

〈표6〉

시티교회의 멤버(등록교인)가 되려면 어떻게 해야 하나요?

저희 교회의 멤버가 되기 위해서는 1~2단계의 양육 프로그램을 끝내면 됩니다. 셀 리더가 되려면 5단계의 양육 프로그

램을 모두 성실히 통과해야 합니다 (〈표6〉 참조). 각 단계를 소개해 드리자면 1단계는 내적 수양회, 2단계는 새신자반, 3단계는 제자반, 4단계는 성숙반(사역), 5단계는 리더로 이루어져 있습니다. 저희 교회에서는 5단계의 훈련을 받는 데 적게는 6개월 정도가 걸립니다.

또 하나의 자랑거리는 시티교회에서는 모든 교인의 90% 이상이 십일조를 하고 있다는 것입니다. 저희는 주는 것만큼 받는다는 것을 자주 강조합니다. 그리고 많이 낸 만큼 많이 받는다는 것을 모든 교인들이 실제로 믿고 있습니다. 그래서 시티교회는 지역사회에서 구제를 많이 하는 것으로 유명합니다.

셀 리더에 대해서 말씀하셨는데 현재 시티교회의 셀 수는 어느 정도입니까?

현재 470여 개의 셀 그룹이 있고 계속적으로 생겨나고 있습니다. 셀 그룹은 취미에 따라, 성별에 따라, 그 밖의 여러 가지 필요에 따라 다양한 방식으로 만들어지고 있습니다. 수치로는 정확히 말씀드리기 어렵지만 시티교회는 셀을 통해서 많은 전도가 이루어진다는 것은 사실입니다.

시티교회의 강점은 무엇이며 앞으로의 비전은 무엇입니까?

저희 교회는 다음 세대를 위한 사역을 아주 열심히 잘하고 있다고 봅니다. 현재 1천 5백 명 정도의 어린이들이 모여서 예배하고 양육받고 있습니다. 저희 목사님은 다음 세대에 대해서 특별한 애정과 헌신이 있습니다. 아마 제가 알기로 미국에서도 어린이와 청소년 사역을 TV로 방영하는 곳은 거의 없을 것입니다. 그런데 저희 교회는 매주 어린이와 청소년 사역이 TV에 방영될 정도로 매우 탁월하고 영향력이 있습니다.

또 특별한 사역은 구제사역입니다. 예배가 끝나면 여러 마켓에서 유통기간이 다 되어 돈을 받기 어려운 음식물들을 교회 트럭으로 가져옵니다. 그 음식들을 교회 밖에 진열해 놓고 필요한 사람이면 누구든지 가져갈 수 있도록 하고 있습니다. 또 교인들이 입지 않는 옷을 가져와서 아주 저렴한 값(한화 500원, 1000원 정도)에 사 갈 수 있게 하고 있습니다.

시티교회는 사도행전적 교회를 세우고자 하는 비전이 있습니다. 이 비전을 품은 지성전을 세계 각지와 미국 내에 세워갈 것입니다. 현재는 열 개의 지성전을 세우는 것을 목표로 하고 있지만 하나님께서 축복하신다면 더 많은 지성전을 세우길 원합니다.

시티교회의 비전과 사명을 정할 때 어떤 방법을 사용하셨나요?

비전과 사명은 우리의 마음 밖으로부터 옵니다. 하나님께서 어떤 비전을 주고 계십니까? 저는 배우자와 함께 저에게 있어 중요한 모든 것을 적어보았습니다. 그리고 그것들을 분류하고 제게 우선적인 범주로 요약해 보았습니다. 그런 후 요약한 것을 기도할 때, 주님이 저의 사명이 분명해지도록 영감을 주셨습니다.

만약 사명선언서를 작성하신다면 한 문장으로 만들어야 합니다. 그래야 쉽게 기억할 수 있습니다. 그리고 비전의 세부사항으로 핵심가치 선언문, 사역의 우선순위 등에 대해서 기록해야 비전을 구체화시킬 수 있습니다.

시티교회는 지성전을 여러 개 개척하였는데 교회 개척 시 광고를 어떻게 활용할지 다른 목회자들에게 조언해 주십시오.

교회를 개척하실 목회자들은 언제, 어떻게 새로운 교회에 대해 광고할지 결정하게 될 것입니다. 어떤 목회자들은 개척 후 핵심그룹이 만들어질 때까지 광고를 유보합니다. 또 다른 목회자들은 주님이 사람들을 이끌어주실 것이기에 광고할 필요를 느끼지 못한다고 합니다. 많은 목회자들은 문걸이용 광고로 매일 광고를 합니다. 이것은 선택의 문제이지만 더 많이 기도해야 하는 부분입니다. 주님은 우리가 어떻게, 언제, 어디서 광고해야 할지 이끌어주시는 분이십니다.

광고라고 하면 보통 우편, 엽서, 문걸이용 광고, 신문광고 등이 있습니다. 어떤 교회에서는 값비싼 전화 캠페인을 벌이기도 합니다. 그 효과는 상당히 좋습니다. 다른 교회에서는 집집마다 방문을 해서 사람들을 초대합니다. 라디오를 이용한 광고도 많이 있습니다. 그러나 라디오를 통한 광고는 일반적으로 이미 믿고 있는 크리스천에게 전달될 가능성이 큽니다. 또 TV광고는 효과적이지만 너무 비용이 많이 듭니다. 그러나 지역 유선채널은 그보다 저렴하게 광고할 수 있습니다.

가장 저렴하고 효과가 높은 방법은 매력적인 카드를 제작하여 나누어주는 것입니다. 그 카드에는 교회의 주소와 약도, 전화번호가 들어 있어야 합니다. 그리고 전도대상자의 핸드폰으로 한 달에 한 번 초대의 글을 보냅니다. 시티교회는 5주년이 되던 해에 5만 개의 카드를 제작해서 4천 명 이상의 사람들을 초대했습니다. 그중 1천 명이 교회에 등록하게 되었습니다. 목회자가 기도하면서 가장 확신하게 되는 방법을 사용하십시오.

시티교회를 개척할 때 수백 권의 브로슈어를 제작했습니다. 거기에는 담임목사님의 가족사진, 교회 약도, 담임 목사님 약력, 앞으로 개척할 교회의 비전, 교회 주소와 전화번호를 넣었습니다. 교회 예배에 참석하는 방문자가 있으면 그들의 주소와 전화번호를 받아서 매주 우편을 보냈습니다. 그 우편물에는 한 주간의 설교와 교회소식을 담았습니다. 교회를 개척했을 때 최소 3~4개월은 매주 이렇게 해야 합니다.

교회를 개척하려는 목회자들이 교회 개척 시에 고려해야 할 사항에 대해서 말씀해 주십시오.

얼마 전 한 개척교회 목회자로부터 개척교회에서는 좋은 예배 인도자가 꼭 필요하다는 이야기를 들었습니다. 여러분, 좋은 예배 인도자가 여러분의 교회에 올 수 있도록 기도하십시오. 어떤 목회자는 개척 당시 몇개월간 다른 교회에서 예배 인도자를 초청해서 단기간 그들을 돕게 합니다. 다른 목회자들은 녹음된 찬양테이프나 CD를 틀고 빔프로젝트를 이용하여 예배하기도 합니다.

교회를 개척할 때 시설적인 면들을 살펴본다면 키보드, 음향시스템, 녹음시스템, 헌금함, 헌금봉투, 방문자카드, 빔프로젝트, 성경책, 성찬세트, 교회편지지, 봉투, 주소가 찍힌 도장, 어린이 놀이기구, 다용도 탁자, 사무용품, 복사기, 컴퓨터, 소프트웨어(데이터베이스) 등이 필요합니다.

교회 이름과 사명을 정할 때는 교회 로고를 디자이너에게 부탁하십시오. 긴 안목을 가지고 좋은 디자인을 얻기 위해 기꺼이 투자하십시오. 목회자들이 편지지, 봉투, 카드, 헌금함, 명함, 브로슈어, 주보, 뉴스레터, 지도, 전단지 등을 제작할 때 교회 로고가 반드시 필요합니다.

V. "소그룹 중심 사역으로 사랑을 실천합니다"-우드스턱제일침례교회 (The First Baptist Church of Woodstock)

175년이라는 오랜 전통을 지녔지만 규모 면에서는 200여 명이 모이는 작은 교회였던 우스닥제일침례교회.
소그룹 중심의 관계전도와 선교, 은사사역에 집중하여 현재 7천여 명이 출석하는 대형교회로 성장하기까지, 20년 전부터 변화의 바람을 몰고 온 조니 헌트 담임목사의 목회 방향과 교회 부흥의 비결을 들어본다.

애틀랜타에서 북쪽으로 1시간 정도 차로 달리다 보면 외곽 지역인 우드스턱이 있고, 그곳 12만 평의 넓은 땅에 웅장한 건물의 우드스턱제일침례교회가 자리잡고 있다. 필자가 지금껏 보아 온 많은 교회들 가운데서 가장 웅장하고 기품 있게 지어진 교회이다. 교회 안에 들어가 보면 전체 7,500석(2층 3,500석 포함)의 좌석들이 가지런히 배열되어 있다. 찬양대석으로 400석이 준비되어 있어, 현재 350명의 찬양대원들이 120명의 오케스트라와 함께 찬양과 악기로 하나님께 영광돌리고 있다.

천장에는 432개의 자연광 못지않은 조명들이 자유로이 컨트롤되며, 사방에 설치되어 있는 스피커에서 울려나오는 소리들을 통해 모든 좌석

Johnny Hunt

우드스턱제일침례교회의 수석 부목사인 짐 로우(Jim Low) 목사는 본 인터뷰를 통해 대중을 상대로 설교하지만 청중 개개인에게 직접 이야기하는 듯한 탁월한 의사 전달력을 지닌 목회자라며 조니 헌트 담임목사를 소개했다.

에서 바로 앞에서 듣는 듯한 음향 효과를 느낄 수 있다. 그리고 전방에는 수영장 크기의 디지털 화면이 두 개 설치되어 있어 원거리에서도 설교자의 얼굴을 바라볼 수 있다.

우드스턱제일침례교회는 175년 전통의 교회이지만 200명 정도 모이는 작은 교회였다.

그러나 현재 담임목사인 조니 헌트(Johnny Hunt)가 20년 전에 부임하여 그동안 전도, 선교, 은사사역에 집중한 결과 20년 전에 700명이던 등록교인(출석 200명)이 현재 1만 6천 명이 등록, 7천 명이 출석하는 교회로 성장했다.

초기에 열두 명이었던 스태프도 지금은 160명(70%는 풀타임, 30%는 파트타임)으로 늘어나 담임목사가 그들의 은사와 달란트를 활용하도록 후원하고 있다. 또한 그들의 탁월함을 인지시키며, 그들을 통해 영광 받으실 대상은 오직 하나님이심을 강조하며 기대를 갖게 하고 있다.

현재 담임목사인 조니 헌트(Johnny Hunt)는 지난 20년간 전도하지 못하는 미국의 현실을 직시하고 세상을 안고 사랑하도록 하여 불신자들을 교회로 인도하며, 150년 동안 단 한 명의 선교사도 파송하지 못한 그 교회에서 선교의 사명을 갖고 90가정을 선교사로 파송했다. 사도행전 1장 8절 말씀을 마음에 품고 더 많은 사명감과 책임감을 가진 결과 하나님께서 큰 군사들을 주셨다고 고백하고 있다. 그리고 담임목사가 직접 1년에 3개국을 돌아보며 선교에 더 큰 힘을 싣고 있다.

하나님께서 우리에게 은사를 주신 이유는 사람을 섬기게 하심임을 깨

닫고, 새신자로 하여금 새가족반에 들어가도록 격려하며, 하나님께서 허락하신 은사를 발굴하도록 돕고 있다.

다음은 수석 부목사인 짐 로우(Jim Law)와의 인터뷰 내용이다.

우드스턱제일침례교회가 추구하는 목적은 무엇입니까?

우리 교회에는 4대 목적이 있는데 그것은 다음과 같습니다.

"예수께서 가라사대 네 마음을 다하고 목숨을 다하고 뜻을 다하여 주 너의 하나님을 사랑하라 하셨으니 이것이 크고 첫째 되는 계명이요 둘째는 그와 같으니 네 이웃을 네 몸과 같이 사랑하라 하셨으니 이 두 계명이 온 율법과 선지자의 강령이니라"(마 22:37~40).

① 예배 – 하나님을 사랑하는 것이 주일예배를 통해 드려진다.

② 사랑 – 이웃 사랑은 소그룹을 통해 서로 간의 섬김과 나눔 가운데서 나타난다.

③ 사역 – 은사를 통해 교회와 지역을 섬기도록 한다.

④ 전도 – 관계전도를 통해 불신자를 초청하고 있으며, 그 결과 현재 교회의 방문자 중 85% 정도가 정착하고 있다.

우리 교회의 모든 사역은 앞의 4대 목적에 따라 짜여집니다. 그리고 한 사람이 우리 교회에 등록하였을 때 그 순서에 맞춰 교육받게 됩니다.

우드스턱제일침례교회는 어른 주일학교로 소문이 나 있는데 이것에 대해 알려주십시오.

저희 교회는 침례교회이기 때문에 오랫동안 권장해 오던 어른 주일학교를 소그룹 중심으로 운영하고 있습니다. 미국 사람들은 주중에 시간을 낸다는 것이 쉽지 않기

때문에 주일날 예배드리기 위해 교회에 왔을 때 소그룹 모임을 합니다.

교인의 82%가 주일 소그룹 모임에 참석하고 있습니다.

우리 교회의 진정한 모든 사역들은 주일 소그룹 모임에서 이루어집니다. 담임 목사님은 예배에 참석치 않더라도 소그룹에는 꼭 나오라고 강조십니다. 담임목사님 본인도 소그룹을 인도하실 때가 있으며, 그렇지 않을 경우에는 소그룹에 참석함으로 소그룹의 중요성을 모든 교인들에게 인식시켜 주고 있습니다.

주일학교의 철학은 무엇입니까?

우리 교회 주일학교의 사명선언문은 불신자를 전도하는 것이며, 전도된 사람들을 제자훈련시키는 데 목적이 있습니다. 이것은 바로 예수님께서 승천하시기 전에 우리에게 주신 대사명을 이루는 것입니다. 이 사명을 이루기 위해서 우리는 두 가지 전략을 강조합니다.

첫째, 계속적으로 새로운 리더들을 발굴하는 것입니다. 우리 교회의 주일학교 리더 발굴은 현재 통상적으로 헌신하고 있는 리더들의 추천을 받는 것으로 이뤄지고 있습니다. 그리고 목회자가 추천받은 사람들을 일대일로 만나 우리 주일학교에 대한 기대치와 철학을 설명하고 또한 자격에 대해 대화합니다. 자격요건에 충족할 경우에는 부리더로서 사역을 시작하며, 우리 교회에서 제작한 리더훈련교재를 배우게 합니다.

둘째, 새로 온 사람들은 새로운 그룹으로 시작하는 것이 오래

된 사람들과 함께하는 것보다 유익합니다. 그래서 우리 교회는 새로운 사람들은 새 그룹으로 시작하는 데 중점을 두고 있습니다. 이렇게 하면 '새로운 그룹=새로운 사람=새로운 성장' 이라는 등식이 성립되기 때문입니다. 그리고 저희 소그룹에서는 세 종류의 리더사역을 하고 있습니다.

말씀을 전하는 리더가 전체를 총괄하는 리더가 됩니다. 그리고 전도를 총괄하는 리더는 교회에서 지향하는 전도 프로그램과 주일학교에서 지향하는 모든 전도를 담당합니다. 나머지 한 종류의 리더는 소그룹 단계 밑에 있는 소모임 리더입니다. 그들은 작은 그룹으로 나누어진 상태에서 삶을 나누며 서로의 기도제목을 나누어 서로서로 상호 책임지는 사역을 담당합니다. 전도 리더와 소모임 리더는 모임의 전반적인 사항들을 말씀을 전하는 리더에게 보고하여서 원활한 소그룹 모임이 되도록 합니다.

소그룹은 어떻게 운영되고 있습니까?

가르치고, 전도하고, 삶에 적용하라는 목적 아래 주일에만 운영하도록 하고 있습니다. 한 반에 30명 정도로 운영하며, 많게는 70명까지도 있습니다. 먼저 모여 찬양하고, 교회의 광고와 전도에 관한 것을 나누며, 또한 더욱 작은 그룹으로 나누어져서 서로를 위해 기도하게 합니다. 그후 다시 모여 정해진 평신도 교사를 통해 말씀을 듣게 됩니다. 모임시간은 8시, 9시 30분, 11시로 정해져 있습니다.

우드스턱침례교회에는 지성전이 있습니까?

개척은 시켰으나 아직까지 지성전은 없습니다. 담임목사님의 철학은 좋은 리더로 서서 그곳에서 독립적으로 개척하게 돕자는 것입니다. 20년간 100여 개 교회가 세워지고 부목사와 스태프까지 파송하여 물심양면으로 지원한 결과 2만 5천 명이 넘고 있습니다.

그중 70~75개 교회는 애틀랜타에 개척했고, 나머지는 미국 전역에 퍼져

있습니다. 한 예로, 라스베이거스에도 10개 교회 개척을 계획하고 있고, 현재 4개 교회를 개척하였습니다.

지역사회에서는 우드스턱제일침례교회를 어떻게 보고 있습니까?

지역사회에 교회 자체가 많이 알려져 있는 편입니다.

먼저 부정적인 시각은 주일날에 교통 혼잡으로 인해 불평을 가끔 듣기도 합니다. 그러나 긍정적으로는 열린 교회라는 평가를 받고 있습니다.

저희 교회 로고가 'JUST FOR YOU' 인데 이 말을 다른 말로 표현하자면, '여러분을 돕기 위해 열린 교회' 입니다. 지역사회가 필요로 한다면 개방하여 지역사회와의 다리 역할을 감당하고 있습니다. 작년에는 인근 고등학교의 졸업식을 7번 거행하였고, 찬양대 연습실을 개방하여 지역의 고등학교에서 밴드 연습을 하고 있으며, 어린이 놀이터(놀이터 짓는 데 50만 불 사용) 또한 개방하고 있습니다.

전도할 때 가장 많이 쓰는 방법은 무엇입니까?

전도훈련도 시키지만 불신자와 관계를 맺어 교회로 데려오라고 합니다.

교회 정착률은 어느 정도입니까?

85% 정도입니다. 예배만 드릴 경우 30~40% 정도 정착하게 되지만, 예배와 소그룹에 모두 참여하면 85% 정도 정착하게 된다는 데이터가 있습니다.

한 주에 침례받는 사람의 수는 얼마나 됩니까?

12~20명 정도입니다. 지난 20년간 1만 명의 침례를 집도하였고, 매 주일 저녁에 침례를 행하고 있습니다.

조니 헌트 담임목사님의 장점과 은사는 무엇입니까?

사람을 좋아하시며, 대화를 통하여 '격려'하는 것입니다. 또한 의사 전달력이 탁월하여 7천 명 앞에서 설교를 하지만 듣는 사람들은 모두 '나'한테 하는 것처럼 받아들입니다. 섬기는 리더십을 지니고 계시며, 리더십 또한 탁월하십니다. 누구나 옆에 가기 수월하여서 주위에 사람들이 많다는 것 또한 장점입니다. 시시콜콜하게 간섭하지 않고, 권한과 자유함을 주고, 결과를 기대하시는데 담임목사님의 이러한 성향은 "담임목사를 의식하지 말고 하나님 앞에 바로 서라"는 말씀 속에 잘 나타납니다.

지역사회를 위한 병원, 복지관 등의 기관을 직접 운영할 계획은 없습니까?

지역에 이미 많은 사립학교가 있기 때문에 학교에 대한 계획은 없습니다. 그러나 암센터와 노인 복지는 생각하고 있습니다. 현재 네 개의 집을 사서 마약중독자 등을 재활하는 일을 하고 있습니다. 다섯 명의 상담자를 세워서 반 마일 정도 떨어진 곳에서 교인과 지역 주민을 대상으로 상담하고 있습니다.

Ⅵ. 죽어가는 전통교회에서 현대적 예배로 성장한 조이커뮤니티교회 (Joy Community Church)

조이커뮤니티교회(Joy Community Church)는 미국 루터 교단 소속으로 1974년에 창립되었다. 미국에서 가장 빨리 발전하는 도시 중 하나인 그렌데일(애리조나 서북부)에 위치해 있으며, 대지 16만 8천 평에 교회와 부속건물들(유치원, 초등학교, 중학교, 리더십센터)을 지었다. 현재 담임목사인 월트 캘러스태드(Walther P. Kallestad) 목사는 30세였던 1978년에 조이커뮤니티교회에 부임했다. 그 당시 성도 수는 87명이었지만 혁신적인 예배 스타일로 불신자들을 전도하여 현재는 어린이를 합쳐 1만 명의 성도가 출석하는 초대형교회로 성장하였다. 조이커뮤니티교회의 담임목사인 월트 캘러스태드 목사에게 교회의 성장과 변화과정을 들어본다.

월트 목사님께서 조이커뮤니티교회에 처음 부임했을 때의 상황을 말씀해 주십시오. 그리고 현재까지 교회가 어떻게 변화되어 왔는지 말씀해 주십시오.

제가 1978년에 이 교회에 부임했을 때 성도 수가 87명이었습니다. 그 당시 교회의 예배와 운영 스타일은 1950년대의 스타일을 그대로 답습하고 있었습니다. 저는 지속적으로 교회를 변화시켰고, 현대적 감각에 맞는 예배 스타일로 바꾸어 왔습니

Walther P. Kallestad

월트 캘러스태드 목사는 십여 권의 책을 집필한 저술가이자 불신자 전도에 선구자적인 사람으로 미국에서 널리 알려져 있다.

한국에도 《열정이 있는 교회》(The Passionate Church) 등 여러 권이 번역, 출간되어 있다.

다. 새 포도주를 새 부대에 담아왔다고 말씀드릴 수 있습니다. 진리는 결코 변할 수 없지만 진리를 담는 그릇은 문화에 맞추어 변화시켰습니다. 잘 아시겠지만 저희 교회가 속해 있는 루터 교단은 미국 교단 중에서도 가장 예전을 중요시하는 교단입니다. 그래서 새로운 감각의 현대적인 예배의 중요성을 인식시키는 데 엄청난 희생이 따라야 했습니다.

저는 부임한 지 얼마 되지 않아서 현대인들이 접하고 있는 문화에 맞추어 예배형식을 고치고, 일상생활에 필요한 접근을 통해서 예수 그리스도를 소개하는 방식으로 말씀을 전했습니다. 제가 굳이 말씀드리지 않아도 얼마나 큰 반대가 있었는지 상상할 수 있으리라 생각합니다. 교단 측에서 맹렬한 비난을 했었고, 처음에는 87명 되는 교인에서 숫자가 증가하는 것이 아니라 숫자가 더 떨어져서 위기에 처할 정도였습니다.

그러나 분명한 비전과 교회의 정체성, 그리고 세상에 빛과 소금이 되라는 하나님의 말씀 등이 제게 확신을 주었기에 어떤 반대에도 불구하고 현대적인 예배 스타일을 고수하며 지속적으로 예배를 드렸습니다. 그것이 전도의 통로가 되었고, 사람들이 예배를 통해서 차츰 교회로 나오게 되었습니다.

지금도 저희들은 현대적인 예배를 통해서 전도가 가장 많이

되고 있습니다. 물론 전도된 사람들을 제자훈련하는 것도 저희들은 중요하게 생각하여 예수님께 헌신된 사람으로 훈련시키기 위해 최선을 다하고 있습니다.

교회가 성장하면서 여러 번 이사를 했고, 사역의 중점을 2세 교육에 두게 되었습니다. 그래서 1980년 초에 초등학교를 설립했습니다. 현재는 초등학교에서 400명, 그리고 중학교에서 400명 정도가 공부하고 있습니다.

또 목회자의 리더십에 교회성장이 달려 있다는 것을 깨닫고 약 10년 전에 리더십센터를 설립해서 매년 목회자를 위한 리더십 컨퍼런스와 리더십에 관한 자료를 제공하고 있습니다.

더불어 한 가지 하나님께서 저에게 강한 확신을 주신 것이 있는데 그것은 성도들을 즐겁게만 해 줄 것이 아니라 헌신된 제자로

삼으라는 것 이었습니다. 2004년도는 저희 교회에 큰 변화가 있었던 시기입니다. 우리는 더 이상 성도를 즐겁게만 하는 소모적인 교회로 남아 있기를 거부하였습니다. 그리고 제자를 훈련하는 교회로 거듭나도록 새로운 가치를 정립하였습니다. 그런 과정에서 1천여 명의 교인들이 교회를 떠나게 되었습니다. 그런데 그 이후에 남아 있는 성도들은 정말로 참기독교인의 삶이라는 것을 체험하고 이전보다 더 헌신하고, 봉사하며, 훨씬 더 성숙한 교인들로 성장하게 되었습니다.

목사님의 가장 큰 강점이 무엇이라고 보십니까?

저를 한마디로 표현하면 '비저너리'(visionary)입니다. 교회의 비전을 제시하고 그것을 끝까지 이루기 위해 성도님들을 설득해서 모두가 한 방향으로 나아가게 하고 있습니다. 또한 많은 성도님들이 저의 가르침에 감사를 표하는 것을 보면 저에게 가르침의 은사가 있는 것 같습니다(웃음).

잠시 월트 목사님의 비서와 이야기하는 중에 목사님의 장점이 무엇인지 물어보니 위에서 나온 두 가지를 갖추고 있을 뿐 아니라 굉장히 겸손하며 지역사회에서도 목사님을 존경하고 좋아한다고 말해 주었다. 또 그는 관계를 아주 잘하는 진실한 목사라고 귀띔해 주었다.

조이커뮤니티교회가 전도를 굉장히 앞장서서 하는 것으로 알고 있는데, 혹시 전도에 관한 특별한 프로그램이나 방법이 있으십니까?

전도에 있어 중요한 것은 관계라고 생각합니다. 저희 교회가 성장한 가장 큰 요인은 바로 성도들이 불신자와 지속적으로 좋은 관계를 맺도록 해 왔기 때문입니다. 그러니까 저희 교회는 관계전도가 가장 강한 교회입니다.

관계전도 외에 다른 전도방법은 무엇입니까?

첫째로, 조이커뮤니티교회에 전도

된 사람의 2분의 1 이상은 현대적 예배를 통해서입니다. 현대적 예배란 예배의 전반적인 부분들을 불신자들의 눈높이에 맞춘, 문화적인 콘텐츠에 포커스를 맞춘 예배를 말합니다. 예를 들면 먼저 청결하고, 깔끔한 분위기를 유지하려고 합니다. 그리고 안내자들은 부담감 없는 분위기를 조성하고 거부감 없이 다가갈 수 있도록 합니다. 불신자와 성도들의 요구사항들이 있을 때에는 안내자들이 친절하고 자세하게 설명합니다. 그리고 예배 분위기는 불신자들이 즐겨 듣는 음악과 비슷한 수준의 탁월성을 유지하려고 합니다.

저의 메시지는 헌신을 요구하고 예수 그리스도를 소개하면서 그들이 지니고 있는 문제, 가치와 삶의 여정들이 예수 그리스도로 인해 해결되리라는 것을 강조합니다. 우리는 이런 용어를 사용합니다. "Come, as you are." 이것은 당신의 있는 모습 그대로 교회로 나오라는 말입니다. 우리의 예배방식은 교회에 새로 온 사람들에게 환영받고 있다는 느낌과 편안함을 줍니다.

둘째로, 조이커뮤니티교회는 봉사를 통해서 전도를 합니다. 저희 교회는 지역에 영향력을 미치는 교회인데 1년에 두 차례 봉사의 날을 정하여 토요일마다 전 교인이 지역봉사에 참여하

도록 하고 있습니다. 페인트를 칠해 주거나, 세차를 하거나, 집을 짓는 등 여러 가지 사회봉사를 하고 있습니다. 현재는 뜻을 같이하는 교회들이 함께 이 일들을 감당하고 있습니다.

셋째로, 학교전도입니다. 저희 교회가 운영하고 있는 유치원에서 중학교(8학년)까지의 과정 가운데 아이들이 학교에 다니니까 학부모들이 저희 교회에 방문할 수밖에 없습니다. 그 이유는 저희 교회는 학교와 같은 곳에 위치해 있기 때문에 학교를 방문했을 때 자연스럽게 교회를 방문하게 되는 것입니다.

이와 같이 여러 가지 전도방법들을 사용하고 있지만 중요한 것은 성도들로 하여금 불신자들을 사귀고 그들을 교회로 초청하게 하는 것입니다.

목사님의 리더십에 대해 한 말씀 부탁드립니다.

저는 차세대 리더를 세우는 일에 많은 시간을 투자하고 있습니다. 차세대를 준비시켜야 한다는 사명이 제게 있습니다. 2년 전에 저와 함께 여러 해 사역을 하였던 훌륭한 부목사님이 계십니다. 저는 그 목사님에게 저희 교회 인근에 새로운 교회를 개척하게 하였습니다. 그때 1천 명 정도 성도들이 함께 교회를 개척하도록 하였고 현재도 그 교회와 저희 교회는 아주 친밀한 관계를 유지하고 있습니다. 아직도 그 교회에 교회 사무실이 없는 관계로 저희 교회의 사무실을 사용하도록 하고 있으며, 예배당이 없어서 저희가 운영하는 학교에서 예배를 드리도록 하고 있습니다. 이와 같이 좋은 리더를 세우고, 도와주고, 투자하는 일들은 앞으로도 제가 감당해야 할 일이라고 생각합니다.

지역사회에서는 조이커뮤니티교회에 대해 어떻게 생각하고 있습니까?

지역사회에서 저희 교회는 지역의 리더로서 큰 영향을 끼치고 있다고 생각합니다. 저희 교회는 지역사회의 집짓기 봉사 등에 참여하여 잘 섬기고 있습니다. 그래서 시에서 주는 봉사에 관한 가장 큰 상도 받았습니다. 저는 지역교회가 세상의 소망이라고 믿기 때문에 빛과 소금의 직분을 감당하기 위해 늘 노력하고 있습니다.

목사님께서는 교회성장에 있어 가장 중요한 것은 무엇이라고 생각하십니까?

목회자가 말씀 속에 깊이 들어가서 하나님의 뜻을 찾는 것이라고 생각합니다. 특히 말씀을 통해서 하나님의 뜻을 발견하는 것이 무엇보다 중요합니다. 하나님이 원하시는 것을 하는 것이 교회성장을 가져오는 데 가장 중요하다고 생각합니다.

Ⅶ. 현대문화의 이해를 통해 예배를 디자인한다 – 저니오브페이스교회 (Journey of Faith)

LA 근교인 맨해튼 비치에 위치한 저니오브페이스교회는 1901년도에 설립되었다. 현재 담임하고 있는 글렌 마틴(Dr. Glen Martin) 목사는 1991년에 부임하여 17년 정도 사역하였다. 마틴 목사는 목사이자 학자이며, 또한 교회컨설턴트로 미국에서 널리 알려진 분이다. 한국에는 그의 저서 《목사의 심장》(Your Pastor's Heart)이 소개되어 있다. 저니오브페이스교회의 글렌 마틴 목사에게 그동안의 사역에 대해 들어본다.

목사님께서 이 교회에 부임하였을 때의 교회 상황을 말씀해 주십시오.

저니오브페이스교회는 1901년도에 시작되었고, 제가 부임했던 1991년도에는 맨해튼 비치로 이사를 와서 400여 명이 예배에 참석하고 있었습니다. 교회는 아름답고 사람들은 친절했지만 제가 왔을 당시 2년 동안 한 명에게도 침례를 주지 않았으며, 전도에 열정이 부족한 상황이었습니다.

Dr. Glen Martin

글렌 마틴 목사는 한국 교회가 현재 가지고 있는 좋은 전통과 습관들을 미래 세대에 물려주고, 변화를 가져와야 할 부분들은 과감히 희생할 수 있어야 더 나은 교회로 세워질 수 있을 것이라 조언한다.

목사님이 오신 후에 어떻게 교회가 성장하게 되었는지 말씀해 주십시오.

현재 저희 교회에서는 3,500명 정도가 예배를 드리고 있습니다. 1990년 초에 제가 처음으로 시도한 것은 여러 스타일의 예배를 드리는 것이었습니다. 아마도 그런 시도는 미주에서 저희 교회가 최초이지 않았나 싶습니다.

예를 들면, 1993년도에는 두 번의 예배를 드렸는데 한 번은 전통예배로 한 번은 현대예배로 드렸습니다. 1995년도에 와서는 한 번의 예배를 더 추가해서 세 번의 예배를 드리면서 두 예배는 현대예배로, 하나의 예배는 전통예배로 드렸습니다. 1998년도에는 네 번의 예배로 늘리면서 현대예배 세 번과 전통예배 한 번을 드렸습니다. 이렇게 저희들이 예배 선택의 폭을 넓히면서 또 한 가지 신중을 기하였던 것은 예배 중에 보여 주는 미디어를 많이 사용한 것입니다.

1990년도 초에는 우리 교회가 미디어를 많이 사용한 교회라고 알려져 많은 교회에서 배우러 올 정도였습니다. 당시 미국에서의 예배 스타일은 주로 듣는 예배로, 동영상이나 미디어를 사용하지 않았습니다.

그 당시 저희는 주제설교를 많이 했는데 이는 성도들의 일상

생활에 대한 부분들을 많이 다루기 위함이었습니다. 그래서 저희 교회는 창의적인 예배를 통해서 성장했다고 말씀드릴 수 있습니다.

두 번째로 제가 교회성장을 위해 한 것은 스태프진 체제를 바꾸는 것이었습니다.

우리는 당시에 다섯 가지 중요한 핵심가치를 만들었는데 ①전도 ②예배 ③소그룹 ④성숙 ⑤선교입니다. 부서마다 스태프진들을 은사에 따라 배치하였습니다. 예전에는 스태프진들이 이것도 하고 저것도 하며, 다른 스태프진과의 충돌과 경쟁도 있었습니다. 그러나 제가 와서 스태프진들의 상황을 바꾸어 놓았습니다. 그 결과 사역에 역동성을 가져올 수 있었고, 부교역자들도 자기가 속한 부서에 책임감을 가지고 충실히 사역하는 모습을 보게 되었습니다. 이것도 저희 교회가 성장하는 데 원동력이 되었습니다.

목사님께서 현대교회를 바라보실 때 염려스러운 부분은 없으십니까?

있습니다. 현대교회가 다음 세대에게 기독교의 좋은 배턴을 잘 넘겨주지 않고 있다고 생각됩니다. 배턴을 잘 넘겨주어야 교회가 더욱더 견고하게 세워지는데 말입니다. 목사님들은 부교역자가 사역을 잘할 수 있도록 많은 부분들을 맡기고, 상담도 해주면서 다음 세대가 좋은 전통들을 잘 전승하도록 해야 합니다. 연세 드신 평신도들은 젊은 평신도들에게 기대를 걸고 더 잘할 수 있도록 격려하며 여러 기회들을 주어야 합니다.

한국 교회도 젊은 세대들에게 좋은 배턴을 넘겨주지 않으면 현재 미국 교회와 같이 고령의 성도들로 채워질 것입니다. 우리가 가지고 있는 좋은 전통과 습관들은 그들에게 물려주고, 또한 변화를 가져와야 할 부분들은 그들을 위해서 희생할 수 있어야 합니다. 예를 들면, 저희 교회에서는 내년 1월부터 토요일 예배를 드리게 되는데 그 날은 저희 교회 부목사가 설교를 담당하게 됩니다. 이처럼 많은 기회들을 다음 세대들에게 물려줌으로써 더 나은 교회들로 세워져 나가는 것입니다.

목사님께서 가지고 계신 가장 중요한 달란트를 말씀해 주셨으면 합니다.

저는 다른 사람들을 격려하는 것과, 가르치는 것과, 리더십이 제가 지닌 달란트라고 생각합니다.

'가르치는 것'(teaching)에 대해서 좀더 말씀해 주셨으면 합니다.

우리가 가르친다고 할 때에는 의사전달자가 되어야 한다고 생각합니다. 우리는 문화를 잘 알아야 하고, 사회가 어떻게 돌아가는지 정황을 알고 있어야 합니다. 그리고 그 테두리 안에서 이해된 용어와 습관과 문화를 가지고 말씀을 선포할 수 있어야 합니다. 많은 목사님들이 문화를 잘 이해하지 못해 믿지 않는 사람들이 쓰는 용어를 알지 못하거나 그들이 가지고 있는 가치 부족 때문에 그들에게 명확한 복음을 제시하지 못하는 경우가 허

다합니다.

그리고 저 같은 경우에는 설교를 완전히 외워서 합니다. 예배 시간에 중요한 통계자료를 사용하며, 설문과 미디어도 사용하여 문화에 뒤떨어지지 않는 상황에서 복음을 전하려고 합니다.

리더십에 대해서도 말씀해 주십시오.

이전 시대에는 리더에 대한 신뢰와 리더십에 대해 존경이 있었습니다. 그러나 21세기에 와서는 리더에 대한 신뢰가 상실되었다고 해도 과언이 아닙니다.

교회가 초대형교회로 성장해 나갈 때에 많은 목사님들이 행정과 교회 운영에 대해서 많은 시간을 소비하다 보니 목양하는 일에 소홀해질 수 있습니다. 그러나 우리가 해야 할 목양을 하지 않으면 안 됩니다. 그럼에도 불구하고 목양이 자꾸 결핍되어 가는 모습을 보게 됩니다. 이번 주에 말씀을 들어보고, 다음 주 예배에 올 정도로 리더십에 대한 신뢰가 없는데 지금이야말로 리더십에 대해서 우리가 성경적으로 돌아가야 된다고 생각됩니다. 그것은 섬기는 리더십이어야 하고, 또한 목양하는 리더십이어야 합니다. 특히 목회자들은 목양하는 일에 시간을 비롯해 모든 부분을 투자하고 신경을 많이 써야 한다고 생각합니다.

또한 21세기의 리더십은 문화의 선교사가 되어야 하며, 또한 비전으로 사람들을 인도해야 합니다.

전도사역은 어떻게 이루어지고 있습니까.

캘리포니아는 이동인구가 많기 때문에 이미 신앙을 가진 사람들도 저희 교회에 많이 옵니다. 그런데 작년에 보니까 저희 교회에서 200명 정도가 침례를 받았습니다. 현재 미국의 교회에서는 85명의 성도들이 1년에 한 사람 정도를 전도한다고 합니다. 그러니까 저희들이 200명 정도 결실을 맺은 것은 결코 작은 숫자가 아닙니다. 저희들은 늘 불신자의 눈높이에서 교회 문턱을 낮추고, 어린이들을 소중히 여기는 30~40대를 위해서 어린이 사역을 탁월하게 하고 있습니다.

Ⅷ. 열정적인 예배로 믿음을 세워 가는 페리미터교회 (Perimeter Church)

페리미터교회는 미국장로교(PCA, Presbyterian Church in America) 소속의 교회로 가장 모델이 되는 교회이다. 페리미터교회는 필자가 방문한 많은 메가교회들 가운데서 한 도시를 복음화하기 위해서 전략을 가장 잘 펼치고 있는 교회로 좋은 인상을 받았다. 담임목회자인 랜디 폽(Randy Pope) 목사는 전도에 대한 열정이 그 누구보다 뜨거운 사람이었다. 그러나 그분을 존경할 수밖에 없는 것은 본인 교회의 명예에 관심이 있는 것이 아니라 애틀랜타 전역을 복음화하려고 하는 순수한 열정 때문이었다. 페리미터교회의 수석 부목사인 빌 우드(Bill Wood) 목사에게 페리미터교회의 다양한 모습을 들어본다.

페리미터교회의 역사를 말씀해 주십시오.

저희 페리미터교회는 미국장로교(PCA) 소속 교회로 교단에서 가장 전도를 많이 한 교회입니다. 널찍한 12만 평의 땅을 가지고 있고, 백인들이 많이 살고 있는 애틀랜타 동북쪽에 위치하고 있으며, 중상류층의 사람들이 교회에 다니고 있습니다.

페리미터교회는 1977년도에 세워졌는데 담임목사인 랜디 폽 목사님이 스물다섯 살 때 신학교를 갓 졸업하고 부인과 아이들

Randy Pope

불신자를 향한 뜨거운 열정을 지닌 목회자이자 몸소 전도의 모범을 보이고 있는 랜디 폽 담임목사. 페리미터교회의 수석 부목사인 빌 우드 목사 역시 '말씀과 삶의 일치, 개인전도의 생활화'를 랜디 폽 목사의 큰 강점으로 꼽고 있다.

을 데리고 애틀랜타로 와서, 아무도 아는 사람이 없는 가운데 개척을 준비했습니다. 테니스를 좋아했던 랜디 폽 목사님은 남자들과 같이 테니스를 치면서 전도를 하기 시작했고, 먼저 성경공부를 시작했다고 합니다. 애틀랜타에 온 지 6개월 후에 교회 중심 멤버들이 생겨 교회를 시작하게 되었습니다.

교회는 어떻게 성장하게 되었습니까?

가장 큰 성장의 요인은 랜디 폽 목사님의 개인전도였습니다. 랜디 목사님은 초창기부터 지금까지 계속해서 전도를 하고 계시는데 우리 교회의 아주 중요한 모범이 되고 계십니다. 그를 통해서 굉장히 많은 사람들이 교회로 전도되었고, 전도된 사람들의 입을 통해서 점점 더 많은 불신자가 들어오기 시작했습니다. 그래서 우리 교회는 담임목사님의 불신자를 향한 뜨거운 열정을 통해서 성장했다고 볼 수 있습니다. 또한 교회가 성장함에 있어서 중요한 두 가지에 집중하고 있는데 하나는 예배이며, 또 하나는 전도와 제자도입니다.

예배에 대해서 좀더 말씀해 주십시오.

우리가 드리는 예배는 현대적 감각을 살리면서도 교리와 의식을 중요시하여 이 두 가지 밸런스를 잘 유지하려고 노력합니다. 어떤 분들은 우리 교회가 현대교회 예배 스타일도 아니고, 정통교회 예배 스타일도 아니라고 얘기합니다. 우리 교회에서는 불신자가 왔을 경우 예배에 대해 이해하지 못하는 부분은 설명을 통해 이해시켜 나가고, 기존 교인들이 예배에 대해 소홀함이 없도록 사도신경으로 신앙고백도 하고 교독문도 종종 낭독합니다.

우리가 집중하는 부분은 믿는 사람이 예배의 의미를 알아 예배의 중요성을 깨닫고 예배를 드림으로 하나님께 영광돌리는 것을 깨우치게 하여, 예배를 드리는 것이 믿는 사람으로서 누리는 가장 큰 특권 중 하나라는 사실을 가르쳐주는 것입니다.

그래서 우리 예배는 믿는 사람을 위해 드려지는 예배라고 말씀드릴 수 있습니다. 우리가 드리는 열정적인 예배를 통해서 불신자들이 우리를 보고 하나님을 믿게 하는 방법들을 사용하고 있습니다.

제자훈련에 대해서도 말씀해 주십시오.

우리 교회는 현재 주일날 6,000~6,500명 정도의 장년이 출석하고 있습니다. 80%는 제자훈련에 연결된 사람들이고, 45%는 현재 제자훈련을 받고 있다고 보시면 됩니다. 제자훈련은 3년 과정의 프로그램으로 단계별로 커리큘럼이 있습니다. 우리가 제자훈련에서 중요하게 생각하는 핵심가치는 'TEAMS' 입니다.

T(Training)— 훈련
E(Evangelism)— 전도
A(Accountable)— 상호책임
M(Mission)— 선교
S(Supplement)— 기도

이 네 가지가 우리 제자훈련의 핵심가치인데 1년 동안 제자훈련을 한 후에 가르침의 은사가 있으면 부리더가 되어 2년 동안 부리더로 헌신하게 됩니다. 3년 동안 프로그램을 마친 사람은 제자훈련을 가르칠 수 있는 리더로 세워집니다. 쉽게 말해서

한 사람이 3년 동안 우리 제자훈련 프로그램을 거쳐야만 리더가 될 수 있다는 것이지요. 그리고 모임장소는 교회나 식당, 집 등 어디서나 모일 수 있으며, 모임인원은 다섯 명에서 여덟 명 정도 됩니다. 우리는 예배를 통해서 하나님께 영광을 돌리고 하나님의 임재를 체험하지만 제자반을 통해서 모든 교회사역이 일어나고 있다고 보시면 되겠습니다.

페리미터교회는 장로교단 소속인데요. 장로님들이 몇 분 정도 계시고, 스태프로는 몇 명 정도 계시는지요?

지금 저희 교회에는 120명 정도의 스태프가 있고, 장로님들은 250명 정도 계십니다.

250명의 장로님들이 매번 당회에서 교회의 전반적인 사역들을 다루게 됩니까?

그렇지는 않습니다. 우리는 장로님들을 훈련할 때 제일 중요한 것은 목양이라고 가르치기 때문에 목양을 하게 합니다. 아홉 명만 교회 예산과 운영에서 중요한 부분들을 결정짓고, 나머지의 240명 정도의 장로님들은 목양사역에 집중하게 됩니다. 이 아홉 명의 당회에는 매년 세 명의 장로님들이 교체되어 당회를 이루고 집행하게 됩니다.

그러면 이 세 명의 장로님을 어떻게 선출하고 계시나요?

담임목사님이 세 명을 선출하고, 선출된 세 명이 동의를 한 후에 250명의 장로님들이 찬성을 하면 됩니다.

현재 애틀랜타를 복음화하기 위한 방안들로는 무엇이 있는지 말씀해 주십시오.

첫째로, 우리 교회는 1977년도에 개척을 했는데 1984년에 또다시 세 개의 교회를 개척했습니다. 현재까지 27개의 교회를 개척하면서 개척한 교회들에게 늘 강조하는 부분은 지역교회들과의 연합입니다. 예를 들면, 현재 저희 교회도 우리 지역에서 100여 개 교회와 같이 연합해서 지역사회에 봉사활동을 같이하고 있습니다.

그리고 27개 교회를 개척하였지만 그 교회 구성원들이 우리 교회의 지교회라는 생각을 갖지 않게 하고 있습니다. 단지 같은 교단에 소속된 교회로 동등한 입장에서 동일한 파트너십으로 사역을 하고 있습니다. 우리는 지교회라는 이름을 쓰지 않습니다. 연합이라는 대명제 아래 우리 교회만의 성장이 아니라 애틀랜타 전역의 복음화를 위해 많은 교회들과 연합하는 데 집중하고 있다고 보시면 됩니다.

또 한 가지는 우리 교회는 초등학교 1학년부터 중학교까지의 교육과정을 교회에서 운영하고 있는데, 이 학교는 애틀랜타 전역에서 가장 우수한 학교 가운데 하나입니다. 많은 학생들이 우리 학교에 입학하기 위해 치열한 경쟁을 하고 있습니다. 그러나 부모님 중에 한 분이라도 예수님을 믿지 않으면 학교에 입학할 수 없습니다. 그 이유는 이것을 전도의 한 방편으로 삼고, 또한

지역사회에 이바지하기 위해서입니다.

담임목사님께서 가지고 계신 장점을 말씀해 주시겠습니까?

담임목사님의 가장 큰 장점은 개인전도입니다. 지금도 늘 전도하며 다니시는 모습을 볼 수 있습니다. 수시로 불신자와 같이 식사하고 만남으로 그들에게 교회의 이미지를 좋게 하며, 복음을 받아들이는 데 어려움이 없게 합니다.

또 한 가지는 전략적 리더십과 제자훈련입니다. 30년 동안 꾸준히 제자훈련을 해 오는 과정 가운데서 우리는 그분의 삶과 그분의 이야기에 차이가 없음을 우리의 눈으로 확인할 수 있습니다.

목사님께서 생각하실 때 앞으로 교회가 무엇을 강조해야 할지 말씀해 주십시오.

앞으로 저는 교회가 초대교회로 돌아가야 된다고 생각합니다. 그 이유는 전도와 제자훈련에 중점을 두었던 그때와 같이 전도와 제자훈련으로 불신자들이 주님께로 돌아오며 헌신케 하기 위해서입니다.

교회가 전도를 하기는 하지만 전략적인 전도를 하지 못함으로 결실을 맺지 못하고 있습니다. 또한 명확한 전도법이 없는 관계로 미국 내에서도 전도가 되지 않는 교회들이 너무나 많이 있습니다. 구령의 열정으로 불신자들에게 나아가며, 전도된 사람들이 예수님의 삶을 닮아가는 제자훈련이 무엇보다 우리에게 필요하다고 생각됩니다.

그리고 다음 세대에 배턴을 잘 넘겨주어야 된다고 여겨집니다. 저희 담임목사님 같은 경우에는 현재 65% 정도만 설교를 하고 계십니다. 그리고 다른 부목사와 협동 목사가 돌아가며 설교를 하는데, 매년 교회사역을 조금씩 줄이며 차세대 목사가 일을 잘 감당할 수 있도록 도와주고 계십니다. 그래서 담임 목사님이 은퇴하실 때쯤에는 지정된 담임목사 후보가 쉽게 배턴을 이어받을 수 있도록 하고 있습니다.

또한 저희 교회는 넓은 땅이 있기 때문에 더 큰 성전을 건축하려 했지만 다음 세대가 그것을 좋아할지 또는 잘 감당할지 몰라서 본당을 더 증축하지 않고 다음 세대가 마음껏 사용할 수 있도록 땅만 확보하고 있습니다.

Ⅸ. 불신자 전도로 교회성장을 이룬다 - 시코스트교회 (Seacoast Church)

시코스트교회는 1988년에 50여 명의 성도들로 개척을 하여 현재 열 개의 지성전을 가지고 있다. 출석 성도 수가 8~9천여 명 정도 되는 초대형교회로 독립교단의 교회이다. 담임목회자인 그레그 서래트 목사에게 시코스트교회만의 특징에 대해 들어본다.

그레그 서래트 목사님, 먼저 시코스트교회의 역사에 대해서 말씀해 주십시오.

시코스트교회는 1988년에 모교회가 20마일 정도 떨어진 곳에 개척을 할 수 있도록 도와주었던 교회로, 개척 당시 성도 수는 50여 명이었습니다. 교회를 개척한 첫 주를 기념하여 우리는 지역에 대대적인 광고캠페인을 벌였습니다. 그래서 첫 주에 교회를 방문한 사람 수가 340여 명 정도 되었습니다. 그런데 그

Greg Surratt

다음 주부터 개척 후 5년 정도까지는 150명의 성도가 출석했습니다.

제가 한번은 연못가에서 기도하고 있을 때 하나님께서 저에게 2천여 명의 성도를 맡기신다는 말씀을 주셨습니다. 저는 그때 하나님께서 주신 사명을 확인하고 그 사명을 성취하기 위해 불신자에게 집중하는 목회를 하였습니다. 그리하여 특별히 불신자 전도와 생동감 있는 예배를 통해서 교회가 성장하였습니다. 결국 하나님이 주신 약속이 이루어져 2001년에는 3천 명이 출석하는 교회로 성장하였습니다.

시코스트교회는 미국에서 지성전을 성공적으로 세운 교회로 유명한데요. 처음에 어떻게 지성전을 세우게 되었습니까?

2001년에 교회가 포화상태에 이르러서 저희는 4천 명을 수용할 수 있는 성전을 건축하려 했습니다. 그런데 구청에서 건축허가가 나지 않아 계획을 수정하여 본 성전에서 반 마일 정도 떨어진 곳에 지성전을 건축하였습니다. 그 지성전이 굉장히 성공적으로 정착하게 되어서 저희는 본 성전에서 1시간 이내의 거리에 또 다른 지성전을 세워 나갔습니다. 그래서 본 성전에서 1시간 이내 거리에 7개의 지성전을 세우게 되었습니다. 나머지 3개 지성전은 다른 주에 세웠습니다. 제일 먼 지성전은 4시간 30분 정도의 거리에 있습니다.

현재 열 개의 지성전을 세웠다고 하셨는데 지성전 외에 혹시 개척한 교회는 없으신가요?

2001년부터 현재까지 열 개의 지성전 외에 43개의 교회를 개척하였습니다. 본 성전에서 1시간 내의 지역에 지성전을 세울 수 없을 때는 새로운 교회를 개척하였습니다. 목회자의 은사에 따라 사역을 맡겼는데 만약 가르치는 은사가 있는 교역자라면 교회 개척을 시켰고, 목양에 은사가 있는 교역자라면 지성전을 담당하게 했습니다.

목사님은 교회를 개척하거나 지성전을 세울 때 어떤 방법을 사용하십니까?

교회를 개척할 때 교회 내, 외부에서 개척의 은사가 있는 교역자를 찾아서 그들에게 재정적인 도움을 주어 교회 개척을 도왔습니다. 그렇게 개척한 교회 중에서 2개 교회는 현재 성도 수

가 4천 명이 넘고 있습니다. 지성전을 세울 때 각 지성전 리더들은 모두 저희 교회 내에서 배출된 교역자입니다. 교회 내에서 소그룹을 인도해 보았거나 코칭을 해 보았던 사람으로, 교회에서 2년 정도 목회사역에 대한 훈련을 시킨 후에 지성전을 이끌어가도록 합니다. 교회를 개척할 때보다 지성전을 개척할 때 교회의 재정적인 지원이 더 잘되고 이름도 동일하게 사용하기에 지성전이 지역사회에서 더 빨리 정착하게 됩니다.

담임목사로서 열 개의 지성전을 어떻게 이끌어가십니까?

열 개의 지성전 목회자들과 한 달에 세 번 정도 만남을 갖습니다. 먼저 하루는 전체 교역자가 다 모여서 함께 기도하고 전체적으로 중요한 부분들에 대해서 함께 나눕니다. 두 번째는 각 지성전 목회자들과 전화로 여러 가지 이야기를 나눕니다. 마지막은 가까이 있는 지성전들끼리 모여서 전략도 세우고 같이 기도하면서 시간을 보냅니다. 저는 지금까지 이렇게 만나는 것이 힘들다고 생각해 보지 않았습니다. 그리고 감사하게도 모두가 잘 따라와 주었고 아직까지 문제가 생긴 교회가 없습니다.

지성전을 세울 때 각 교회의 이름을 어떻게 지으시나요? 혹시 지성전을 세울 때 다른 교회들과 마찰은 없었습니까?

앞서 말씀드린 것처럼 지성전의 이름은 본 성전과 동일하게 사용합니다. 지성전을 세울 때는 교인들이 많이 나오는 지역에서 먼저 시작합니다. 왜냐하면 기존의 많은 성도들이 새로운 불신자를 데리고 나와서 그 지역에서 교회가 빨리 정착하게 되기 때문입니다. 사람들이 우리 교회를 지나 다른 교회로 갈 수도 있고 다른 교회를 지나 우리 교회로 올 수도 있습니다. 그것은 전적으로 그들의 개인적인 선택입니다. 우리의 지성전에 대해서 다른 교회의 목사님들이 긍정적으로 평가하기도 하지만 우리 교회 지성전에 위협을 느끼는 목사님들도 있습니다. 그것은 어쩔 수 없는 상황입니다.

시코스트교회에서 불신자가 전도된 수는 어느 정도입니까?

현재 성도 수의 50% 정도는 불신자가 전도된 경우입니다.

그레그 서래트 목사님의 강점에 대해서 말씀해 주십시오.

저는 '비저너리'입니다. 분명한 비전을 세워놓고 사람들이 그 비전을 향해 나아갈 수 있도록 이끄는 목회자입니다. 저는 사람들에게 긍정적인 비전을 심어주고 스스로 하고 싶도록 동기를 부여해서 이끌어갑니다. 그리고 저는 가르치는 은사가 있어서 사람들이 잘 성장해 갈 수 있도록 양육하고 있다고 생각합니다.

목사님께서는 교회사역과 개인적인 삶의 균형을 어떻게 조절하고 계십니까?

저는 일주일 중 금요일 하루를 정해서 온전히 쉽니다. 저는 제가 가르친 것처럼 살려고 노력합니다. 제가 본성전과 지성전을 위해서 사용하는 시간은 주당 50~55시간 정도 됩니다. 교회가 크기 때문에 초청이 많습니다. 많은 리더들이 그렇듯이 저도 개인적인 삶을 위해서 이런 경우 '노'라고 말할 수 있어야 하지만 사실 그렇게 못하는 때가 많습니다.

목사님께서 생각하시는 교회성장의 중요한 요소는 무엇입니까?

저는 교회성장을 위해서 다섯 가지 요소가 중요하다고 생각하고 있습니다.

첫째, 기도입니다. 기도가 가장 최우선순위에 있고, 모든 사역에 배어 있어야 한다고 생각합니다.

둘째, 담임 목회자의 리더십과 의사전달이라고 생각합니다. 즉 설교와 가르침입니다. 효과적인 리더십은 바른 방향으로 이끌어주고, 효과적인 의사소통은 일의 진행을 부드럽고 빠르게 합니다.

셋째, 예배입니다. 생동감 있는 예배를 통해서 사람들이 하나님의 임재를 경험할 수 있습니다. 불신자에게도 친숙한 예배가 중요합니다.

넷째, 어린이 사역과 가정 사역입니다. 어린이는 미래의 희망입니다. 그들을 잘 양육하는 것이 미래 교회성장의 중요한 요소입니다. 또 요즘같이 가정이 쉽게 깨져가는 시대에 건강한 가정을 세우는 것은 무척 중요한 사역입니다. 건강한 가정을 통해서 건강한 교회가 생길 수 있습니다.

마지막으로 소그룹 사역입니다. 현대인들은 고독을 많이 느낍니다. 그들에게 필요한 것은 진정한 소속감입니다. 소그룹을 통해서 상호 책임지는 진정한 소속감을 가질 수 있습니다. 우리 교회는 앞서 말한 다섯 가지에 우선순위를 두어 사역하고 있습니다.

목사님께서는 21세기 목회자의 가장 중요한 역할은 무엇이라고 생각하십니까?

"이는 성도를 온전케 하며 봉사의 일을 하게 하며 그리스도의 몸을 세우려 하심이라 우리가 다 하나님의 아들을 믿는 것과 아는 일에 하나가 되어 온전한 사람을 이루어 그리스도의 장성한 분량이 충만한 데까지 이르리니"(엡 4:12~13). 이 말씀처럼 성도들로 하여금 온전케 하여 각자의 은사에 따라 사역을 하게 하는 것이 중요하다고 생각합니다. 그래서 성도들이 자신의 은사를 찾아서 적절한 곳에서 사역하도록 돕는 것이 중요합니다.

또한 소그룹이 중요하다고 생각합니다. 저희 교회에서는 50%의 성도들이 소그룹에 속해 있습니다. 21세기를 사는 사람들은 너무 독립적인 생활을 하다 보니 대화 상대도 없고 불안함을 느끼게 됩니다. 그래서 사람들이 소속감을 가질 수 있도록 소그룹을 세우고 강조하는 것이 필요하다고 생각합니다.

마지막으로 시코스트교회의 미래를 어떻게 생각하십니까?

우리는 2010년까지 열 개의 지성전을 더 세우려고 계획하고 있습니다. 몇 개의 지성전은 본성전보다 더 커질 것으로 예상합니다. 그리고 제가 은퇴할 때까지 2천 개의 개척교회를 세울 계획도 갖고 있습니다.

X. 성령의 역사에 동참하는 프레스턴우드침례교회 (Prestonwood Baptist Church)

프레스턴우드침례교회(잭 그레이엄 목사)는 댈러스 지역에 있으며, 2만 8천여 명이 등록하여 1만 5천여 명이 매주 출석하는 초대형교회이다. 교회의 좌석은 7천 석이 넘으며, 예배는 전통적이면서도 현대적인 예배를 잘 접목하여 은혜로운 예배를 드린다. 담임목사인 잭 그레이엄 목사는 현재 미국 전역과 세계 여러 곳에서 텔레비전과 라디오를 통해 널리 알려진 목사이다. 담임목사인 잭 그레이엄 목사에게 그동안의 목회여정을 들어본다.

목사님의 부임 배경과 교회의 역사를 이야기해 주십시오.

프레스턴우드침례교회는 1977년도에 세워졌으며, 굉장히 빠른 속도로 성장하였습니다. 1989년 제가 오기 전에 이미 등록교인이 8천 명이었습니다. 그러나 불행히도 사단의 역사로 개척하신 목사님에게 불미스러운 일이 생겼습니다. 그리하여 1989년도에 제가 부임했을 당시엔 분위기가 매우 어수선하였고 많은 상처를 치유해야 했습니다. 저는 침례교 신학대학원을

Jack Graham

졸업한 후 대형교회에서 부교역자 생활을 하였고, 플로리다에서 교회를 개척하여 많은 성장을 이루었습니다. 프레스턴우드침례교회는 제가 두 번째로 담임한 교회이며, 저는 개척하신 목사님의 뒤를 이어 2대 담임목사가 되었습니다.

저는 초창기에 상처와 아픔을 치유하는 일들을 많이 하며, 성서에 입각한 메시지를 끊임없이 선포하였고, 주님께서 주신 대사명인 전도에 헌신을 다하였습니다. 하나님의 은혜와 성령의 역사하심으로 계속적인 성장 일로를 달려 현재는 2만 8천 명 정도의 등록교인과 1만 5천 명 정도의 출석교인이 매주 은혜 가운데 예배를 드리고 있습니다.

목사님께서 목회 가운데 가장 중요하게 초점을 둔 것은 무엇입니까?

저는 늘 성령의 역사에 민감한 목사입니다. 성령께서 무엇을 하기 원하시는가를 생각하며, 제가 가장 원했던 것은 사도행전 2장에 나오는 교회의 모습을 이루어 나가는 것이었습니다. 가르치고, 기도하고, 예배드리고, 전도하는 공동체인 사도행전 2장의 교회를 모델로 삼아 그러한 교회를 세워 나가기를 소원하고 기도하였습니다. 그래서 저는 헌신의 도를 먼저 말씀 전하는 일에 두었고, 두 번째로 전도를 강조하여 전도가 저희 교회의

DNA가 되었습니다. 그리고 제자훈련과 성도의 교제 등 몇 가지에 비중을 두고 헌신해 오고 있습니다.

프레스턴우드침례교회에서 이루어지고 있는 전도에 관하여 말씀해 주십시오.

저희 교회는 근래 들어 매년 2천 5백 명 정도가 새로이 등록하고 있고, 침례는 1천 1백 명에서 1천 2백 명 정도 거행하고 있습니다. 저희 교회는 전도가 가장 중요한 DNA입니다. 우리들의 관심사는 비신자에게 있으며, 매주 예배 시에 침례식을 거행하고 복음을 전한 후에 주님을 영접할 사람들에게 결단의 시간을 주고 있습니다. 전도에 있어서는 관계전도를 많이 권장하고 있습니다. 예배에 모셔오든지 적절한 프로그램을 마련하여 그들을 교회로 초청하도록 권장합니다.

또한 저희 교회에는 초등학교와 중학교가 있고, 스포츠센터가 있습니다. 그런 것들을 통해 지역사회에 많은 공헌을 하고, 많은 사람들을 교회로 초청하고 있습니다.

그리고 전도훈련을 여러 각도에서 시행하여 전도가 주님께서 주신 대사명임을 인식하고, 모든 사람들에게 복음을 전하는 일들을 감당하게 합니다.

목사님의 목회철학은 무엇입니까?

저는 교회성장은 하나님께서 하신다고 믿고 있습니다. 그러나 우리 스스로도 교회가 성장할 수 있는 환경은 분명히 조성할 수 있다고 생각합니다. 저희 교회는 가정에 대해서 굉장한 가치를 두고 있습니다. 가정이 하나 되고 화목해질 수 있도록 가정이 필요로 하는 많은 부분들을 교회가 감당하고, 훈련하고, 도와주고 있습니다.

또한 우리 교회의 성장을 보면 스태프진들이 각 분야에서 탁월하게 섬기고 있다고 생각합니다. 스태프진들을 세워 각 사역에 배치하면서도 그 사역을 잘 수행하고 다음 세대를 위해 많은 준비를 하고 있는지 점검하여 부족함 없는 사역이 되도록 합니다.

예를 들면, 초등부 사역과 중 · 고등부 사역이 굉장히 탁월합니다. 그뿐 아니라 학교가 있어서 많은 부분들을 감당하고 있습니다.

또한 지역사회 봉사의 일환으로 저희 교회가 스포츠 사역을 하고 있는데, 교회 안에 있는 스포츠센터를 통해 특히 농구와 소프트볼 같은 운동게임으로 많은 지역사람들과 접촉하며 그들을 교회로 이끌고 있습니다. 이런 부분들이 교회성장의 원동력이 되고 있습니다.

또 한 가지는 예배입니다. 하나님의 살아 계심을 경험하고 하나님의 음성을 듣는 예배를 통해 교회가 성장하고 있습니다.

목사님께서 예배를 강조하셨는데 설교는 어떻게 준비하십니까?

저는 강해설교자입니다. 우리 교회의 예배는 전통적인 예배이면서도 현대적 감각을 최대한 살리고 있습니다. 그래서 찬양대가 가운을 입지만 찬양팀과 어울려서 찬양을 드리기도 하고 현대적인 악기들을 동원하여 생명력 있는 찬양을 드립니다.

그리고 저는 주일날 양복을 입고 설교를 합니다. 제 설교는 강해설교지만 시리즈로 합니다. 가끔은 책별로 하기도 하고, 그렇지 않으면 현 시점에서 이슈가 되는 큰 제목을 가지고 시리즈 설교를 진행하고 있습니다. 그러나 강해설교에서 벗어나지는 않습니다.

저는 한 편의 설교를 위해 책상 앞에서 준비하는 것이 아니라 일주일의 삶 가운데서 일어나는 모든 부분들에서 영적 통찰력을 얻어 하나님의 세밀한 음성을 기대하면서 말씀을 준비하고 있습니다. 말씀을 준비하는 데 약 15시간 정도의 시간을 할애하고 있습니다. 저는 모든 하나님의 말씀에 적용이 있다고 봅니다. 어떻게 설교자가 명확하게 잘 설명하고 지시하느냐에 따라 설교를 듣고 변화하느냐 그렇지 않느냐가 결정된다고 생각합니다.

목사님께서 한국 교회에 격려의 말씀을 해 주신다면 어떤 말씀을 주시겠습니까?

저는 먼저 성서적인 메시지를 다시 회복해야 한다고 봅니다. 분명한 예수님의 십자가 죽음과 부활하심에 입각한 설교와 가르침이 있어야 한다고 봅니다. 그리고 두 번째로는 사람들에게 높은 도전을 주라는 것입니다. 많은 목회자들이 성도들을 과소평가하여 헌신의 도를 낮춰서 헌신의 삶을 가로막을 때가 있습니다. 성도들에게 높은 도전을 줌으로써 헌신의 질을 높여야 하고, 그러한 도전을 받을 때 성도들도 좋아합니다.

또 한 가지는 선교를 강조해야 합니다. 본 교회뿐만 아니라 하나님 나라 확장을 위해 다양한 선교 방안들을 강구해야 합니다. 또 한 가지 더 강조한다면 전도입니다. 전도의 삶이 생활에 묻어나올 수 있도록 목회자가 솔선수범하여 구령의 열정을 가져야 합니다.

어떤 교회는 성장하고, 어떤 교회는 성장하지 않는데 그것에 대해 목사님께서는 어떻게 생각하십니까?

물론 지역적인 문제가 있을 수 있다고 봅니다. 지역적인 문제로 인해 성장하기도 하고, 정체되기도 하고, 감소하기도 합니다. 또한 모든 교회가 다 큰 교회가 된다고 보지 않습니다. 받은 달란트대로 교회가 성장해 나갈 것입니다. 그러나 목회자들이 분명한 목회의식을 가지고 복음에 전념하고, 지역문화에 민감하여 지역사회에 참여하고, 변화를 두려워하지 않는 마음들이 있다면 성장할 것입니다.

목사님께서는 리더십에 있어 무엇이 가장 중요하다고 보십니까?

리더십에 있어 가장 중요한 것은 인격이라고 봅니다. 물론 인격은 관계를 통하지 않고서는 알 수 없습니다. 좋은 관계 속에서 인격이 다른 사람들에게 전달될 때 사람들은 목회자를 신뢰하게 됩니다. 신뢰를 가지면 사역을 할 때 훨씬 더 효과적이며, 원활한 관계를 유지할 수 있습니다. 그래서 저는 인격이 가장 중요하고, 그 인격을 통해서 좋은 신뢰를 구축하는 것이 중요하다고 생각합니다.

현재 프레스턴우드침례교회의 비전은 무엇입니까?

저희들은 확고한 비전을 세우기보다는 먼저 성령께서 그때그때 어떤 방향으로 잘 이끌어주시느냐에 더 민감하게 반응합니다. 작년에 필요에 의해서 북쪽에 지성전을 하나 세웠습니다. 감사하게도 은혜 가운데 성장하여 성도 수가 1천 명이 넘었습니다. 따라서 앞으로도 지성전이 세워지지 않을까 생각합니다. 우리의 큰 비전이라고 하면 성도들로 하여금 온전케 봉사의 일을 하게 함으로 높아진 교회의 문턱을 낮추는 것입니다. 그리고 너무나도 먼 우리의 이웃들에게 다가가 성도들이 빛과 소금의 직분을 감당하며, 교회가 세계 복음화에 앞장서는 것입니다.

XI. 네트워크로 성장해 가는 크라이스트더킹커뮤니티교회 (Christ the King Community Church)

크라이스트더킹커뮤니티교회는 시애틀에서 북쪽으로 한 시간 정도 떨어진 곳의 그리 크지 않은 도시에 위치한 교회이다. 본 교회는 2004년도에 전도 잡지 〈아웃리치(Outreach)〉에 미국에서 가장 빨리 성장한 교회 중 하나로 선정되었다. 2005년도에는 가장 창의적인 교회 중 하나로 선정되었다. 현재 40여 교회가 네트워크를 형성하고 있으며, 전체 교회 예배에는 6천여 명이 참석하고 있다. 본 교회는 독립교단에 소속되어 있는 교회로 하나님의 성회에 뿌리를 두고 있다. 담임목사인 데이브 브라우닝(Dave Browning)에게 교회성장의 과정을 들어본다.

목사님과 교회에 대해서 간단한 소개를 부탁드립니다.

저는 크라이스트킹이라는 초대형교회의 부교역자로 있었습니다. 원래는 두 곳에서 예배를 드렸는데 한곳으로 통합되면서 교회의 규모가 커지고 대중적인 교회가 되었지만 사역자들의 부족으로 인해 역동적인 면이 부족하였습니다. 그래서 저는 한 교회를 크게 세우는 것보다 여러 교회를 세워 역량대로 사역하는 것이 더 효과적이라고 생각해 왔습니다. 본 교회에서 얼마 떨

Dave Browning

어지지 않은 곳에 교회 성도들이 많이 모여 살고 있었습니다. 그 성도들이 그곳에 교회를 세웠으면 하는 요청을 해 옴에 따라 1999년도에 본 교회에서 그곳으로 파송하여 교회를 세우게 하였습니다.

100명이 함께 시작하여 1년 후에 700명으로 성장하게 되었습니다. 그러나 제 목회철학에 입각하여 다음 해에 두 개의 지성전을 세우게 되었고, 그 다음 해에는 세 개를, 그 다음 해에는 네 개의 지성전을 더 세우게 되었습니다. 시작한 지 4년 만에 열 개의 지성전을 세우게 되었습니다. 저는 늘 하나의 대형교회보다 여러 교회가 세워지는 것이 복음전도에 더 효과적임을 확신하고 있습니다.

제가 알기로는 목사님의 교회가 많은 지역에서 네트워크를 형성하며 지성전을 세우고 있는데, 현재 몇 교회 정도가 네트워크를 형성하고 있으며 지성전 역할을 하고 있는지, 그리고 앞으로의 계획에 관해 말씀해 주십시오.

현재 40여 개 교회가 네트워크를 형성하고 있습니다. 미디어로 제 설교를 보며 예배를 드리는 교회도 있고, 담당 목사님들과 전체 예배를 드리는 경우도 있습니다. 그러나 우리는 크라이스트더킹커뮤니티교회(Christ the King Community Church)라

는 한 이름을 가지고 네트워크를 형성하고 있습니다. 물론 외국에도 저희 교회가 많이 세워지고 있습니다. 아프리카, 아시아, 더 나아가 남미에까지 저희 교회 이름으로 사역하고 있는 교회들이 많이 있습니다. 앞으로 200여 교회가 세워지기 위해 준비과정을 거치고 있습니다.

짧은 시간에 이렇게 많은 교회가 세워지는 것이 쉬운 일은 아닐 텐데 어떤 과정을 거쳐 세워지는지 말씀해 주십시오.

저희들의 방법은 아주 간단합니다. 우리는 항상 교회를 세울 만한 지역을 찾는 것이 아니라 준비되어 있는 리더를 찾고 있습니다. 우리는 늘 웹사이트를 통해 '교회를 세우기를 원하십니까?' 라는 것을 강조하고 있습니다. 저는 항상 한 사람의 마음으

로부터 교회가 세워진다고 생각합니다. 한 명의 리더가 지역에 교회가 세워지기를 갈망하고 저희들에게 요청하게 되면 먼저 소그룹으로 시작하기를 권장합니다.

셀과 같이 소그룹으로 시작하다가 그 소그룹이 커져서 다른 또 하나의 소그룹을 형성하여 두 개의 소그룹이 되었을 때 저희들은 그들에게 정식 예배라 칭하지는 않지만 '카페'(cafe)라고 하여 식당이나 다른 기타 장소에서 모임을 가지면서 예배의 형식을 갖추도록 합니다. 그러한 모임으로 더 많이 성장해 나가게 되어 40여 명이 모이게 되었을 때 저희들은 그 모임을 정식 예배로 칭합니다.

우리가 이렇게 할 수 있는 것은 계속해서 함께 자료들을 공유할 뿐만 아니라 새로운 지역에 교회들을 세워 교회와 교회가 서로 도우면서 나아가게 되기 때문입니다. 그래서 우리는 네트워크를 하는 40개 교회가 교회 예산의 10분의 1을 모아 새로운 교회를 세워나가는 데 사용하도록 하고 있습니다. 또한 8% 정도의 예산은 예를 들어 웹사이트를 같이 제작하는 등 여러 가지 사역을 위해 함께 공유합니다. 그래서 지역적인 것보다 사람이 있느냐 없느냐에 사역의 초점을 둡니다. 또한 네트워크하는 모든 교회가 계속해서 교회를 세워 가는 일을 함께 해 나가기 때문에 늘 밖을 바라보면서 사역하고 있다고 말씀드릴 수 있습니다.

목사님께서 집필하신 책 제목이 《의도적 단순화(Deliberate Simplicity)》라고 알고 있습니다. 이 책이 많은 호응을 얻었는데 책이 뜻하는 바를 간단히 말씀해 주십시오.

저희 교회에 와 보시면 아시겠지만 프로그램이 예배와 소그룹 외에는 없습니다. 그리고 다른 사역들은 전부 웹사이트를 통해서 온라인으로 공부하게 되고 온라인으로 모든 의사전달을 합니다. 저는 프로그램 위주의 교회는 앞으로 효과적이지 못하다고 생각합니다. 사람들이 점점 바빠진다는 사실이 가장 큰 이유입니다. 현대사회에서는 부부가 함께 일을 하기 때문에 교회에서 다시 헌신의 시간을 요구하는 것이 쉽지 않습니다. 그렇기 때문에 저희들은 예배와 셀을 제외하고는 특별한 모임을 갖지 않습니다.

저희들은 많은 지식을 아는 것에 관심이 없습니다. 아는 것만큼 행동으로 옮기는 것에 바로 우리의 관심이 있습니다. 그래서 작게 가르치고 아는 것만큼 행동으로 나타내는 것을 원하는 것이지요. 많은 목회자들이 저희처럼 이렇게 사역하면 불안해할 수도 있습니다. '뭔가 프로그램을 많이 해야 하지 않을까?' 하는 생각을 하게 되는데 그렇지 않습니다. 저희들은 소그룹을 통해서 진정한 삶의 변화를 가져오게 하고, 예배를 통해서 하나님을 만나고 영감을 받고 동기부여를 하기 원합니다. 그리고 필요한 부분들은 온라인을 통해서 충분히 채워진다고 봅니다.

또 한 가지 저희들이 강조하는 것에는 'ten to ten' 이라는 것이 있습니다. 하루에 10분 동안 기도하고, 10분 동안 하나님 말씀을 묵상하자는 것입니다. 저희는 이것을 교회에서 강조합니다. 묵상할 성경본문 말씀이나 큐티는 웹사이트를 통해 알리고 있습니다.

목사님께서 가지고 계신 가장 중요한 은사는 무엇입니까?

저는 사람을 믿습니다. 사람들이 할 수 있다고 믿습니다. 에베소서 4장 11~12절 말씀과 같이 제가 할 수 있는 것은 성도들을 온전케 하여 하나님의 사역을 잘 감당할 수 있도록 돕는 코치의 역할입니다. 아마 그것이 저에게 있어서 가장 큰 장점이 아닌가 합니다.

교회성장에 있어서 가장 중요한 부분이 무엇이라고 생각하십니까?

여러 가지가 있지만 예배가 교회성장에 가장 큰 중요한 요소라고 생각합니다. 저희들의 예배는 믿는 사람 중심의 예배입니다. 그러나 안 믿는 사람들이어도 이해할 수 있는 예배를 저희들은 창출하고 있습니다. 좋아하고 안 좋아하고는 그들에게 달려 있지만 저희들은 최선을 다하여 그들에게 이해가 되는 쪽으로 유도합니다. 그러나 저희들이 바라는 것은 우리의 예배드리는 모습을 보고, 우리가 하나님을 사랑하는 것을 보고, 그들이 우리 가운데서 하나님이 살아 계시다는 것을 느끼는 것입니다. 저희는 우리 가운데 살아 계신 하나님을 보여주기 원하는 것입니다.

저희는 예배를 딱 한 시간 동안 드립니다. 시간이 사람들에게는 중요한 가치이기 때문에 우리는 모든 것을 짧은 시간 안에 가장 효과적으로 하려고 노력합니다. 예배는 한 시간 정도 진행되는데 예배를 드리면서 저는 예수님의 대사명과 큰 사명을 중심

으로 설교합니다.

목사님께서 전망하시는 미국 교회의 동향은 어떻습니까?

저는 두 가지 방향으로 간다고 생각합니다. 하나는 큰 건물을 가지고 사역하는 교회(레이크우드교회)가 있는가 하면 저희와 같이 건물은 크게 하지 않으면서도 많은 교회를 전략적으로 세워 가는 교회들이 계속 생겨날 것으로 봅니다. 그래서 현재 미국에서는 멀티사이트라든지 비디오 벤뉴라든지 또한 네트워크를 지향하는 교회들을 보게 됩니다. 제가 생각하기에는 효과적인 부분과 물질적인 부분에서 부담감이 덜 드는 저희 교회와 같이 크지는 않지만 모든 사역을 스스로 공유하는 그런 교회가 계속 세워지지 않을까 생각해 봅니다.

우리는 교회를 세우면서 건축헌금을 해 본 적이 없습니다. 왜냐하면 저희들을 위해 헌금을 사용하는 것에 대해서 자제하기도 하고, 저의 목회철학과도 맞지 않기 때문입니다. 그래서 큰 건물을 소유한다든지 큰 성전건축에 대한 모금운동을 한 적이 없습니다. 다만 우리가 교회건물을 가질 수 있었던 것은 굉장히 싸게 구입하여 현재의 교회로 성장하게 된 것입니다.

XII. 재생산에 가장 앞선 노스우드교회 (North Wood Church)

노스우드교회는 댈러스 근교에 있으며, 1985년에 현재의 담임목사인 밥 로버츠 주니어(Bob Roberts Jr) 목사에 의해 세워졌다. 매주 2천 명 이상이 출석하고 있고, 침례교회의 뿌리를 가지고 있지만 현재는 독립교단으로 사역하고 있다. 이 교회는 미국 기독교 저작물 전문잡지인 〈아웃리치(Outreach)〉에서 2007년 7월 8일에 미국에서 가장 많은 교회를 재생산(개척)한 교회로 선정되었다. 노스우드교회는 2천 명의 성도로 100개 이상의 개척교회를 세운 교회로 미국에서 큰 영향력을 미치고 있는 교회이다. 담임목사인 밥 로버츠에게 노스우드교회의 다양한 사역에 대해 들어본다.

목사님의 사역배경과 노스우드교회의 설립에 대해서 간략히 소개해 주십시오.

저는 지금의 교회를 세우기 전에 초대형교회에서 부교역자로 오랫동안 사역을 했습니다. 그리고 이곳에서 담임목사로 처음 개척을 하였습니다. 그때가 1985년도였습니다. 처음에는 40명으로 시작하였는데 일 년 만에 120명이 되었고 이후 몇 년 만에 수백 명이 되었습니다. 그리고 현재는 2천여 명의 성도들이 매주 예배를 드리고 있습니다.

Bob Roberts

현재 노스우드교회가 미국에서 널리 알려져 있고, 책을 통해서도 많은 분들에게 소개되었는데 어떻게 해서 짧은 시간 안에(1985~현재) 100개 이상의 교회를 개척하게 되었는지 그 동기와 방법에 대해서 말씀해 주시면 감사하겠습니다.

체험담을 먼저 이야기하면서 시작해야 되겠군요. 앞에서 말씀드린 것처럼 저는 초대형교회에 있었기 때문에 개척을 하면 당연히 초대형교회가 될 것으로 생각했습니다. 감사하게도 교회가 빠른 속도로 성장하기 시작했고, 저희는 교회를 더 큰 지역으로 옮겼습니다. 그런데 교회를 옮기고 나니 성장이 멈추었습니다. 저는 굉장히 큰 좌절에 빠지게 되었습니다.

저는 그때 하나님께 "주위에 있는 많은 초대형교회들의 목회자들을 보면, 저보다 영적인 부분에서 월등하게 나은 것도 아니고, 도덕적으로 실수도 하는데 하나님께서는 그들에게 많은 축복을 주시면서도 왜 저는 축복하시지 않으십니까?" 하며 불평도 했습니다.

그러던 어느 날 집에서 기도를 하고 있는데 제 마음에 하나님께서 이런 음성을 들려주셨습니다. "너는 나만 있으면 충분하지 않니?" 가만히 생각해 보니 정말 제가 기독교인 된 것도 예수님

한 분 때문에 된 것이고, 예수님 한 분만으로 만족해야 하는데 지금껏 만족하지 못하고 있는 저를 보게 되었습니다. 특히 늘 숫자 때문에 제 마음이 흔들렸고 불편했습니다. 정말 그것이야말로 잘못된 것이라고 느끼며 많이 울었습니다.

내 안에 성령이 있고, 하나님 말씀이 있고, 또 예수 그리스도가 있는데 나는 왜 그걸로 만족할 수 없는 것인지, 왜 나의 즐거움과 기쁨이 교회성장과 직결되어야만 했는지에 대해 고민하게 되었습니다. 그러면서 '하나님 한 분만으로 만족하는 것이란 무엇인가' 하는 것을 생각하게 되었습니다. 그것은 바로 제가 이 지역에서 가장 큰 교회를 세우는 것이 아니라 모든 지역에 하나님께서 가장 기뻐하시는 교회들을 세우는 것이었습니다. 그 마음을 가지고부터 개척교회를 세우기 시작하였는데 1년에 10개 교회 정도를 개척하게 되었습니다.

2천 명의 성도가 그 많은 교회를 돌보고, 물질적으로 돕는다는 것은 쉽지 않은 일일 텐데 어떻게 그들을 돌보고 계시는지요.

저희 교회에는 개척교회 학교가 있습니다. 먼저 그 과정을 말씀드리자면 개척하기를 원하는 사람들을 모으고, 그 사람들을 대상으로 그들이 개척할 만한 사람인가를 파악합니다. 그리고 일 년 동안 저희 교회에서 사역을 하게 하는데 그중에서 소그룹을 담당하게 하여 재생산을 할 수 있는지를 확인합니다. 소그룹을 담당하면서 재성장 및 재생산을 하지 못하면 개척교회를 감당하기 어렵다는 결론을 내리게 됩니다.

그후 프로젝트를 주고 개척할 지역의 사람들과 융화하게 합니다. 개척할 지역의 사람들과 잘 사귈 수 없다면 결코 개척교회를 감당할 수 없기 때문입니다. 그리고 저희 교회 소그룹 셀을 감당하게 하여 잘 이끌어가게 되면 그 셀과 같이 개척을 해 나갈 수도 있습니다.

우리는 본인들이 필요한 사례비와 생활비를 모금할 수 있도록

도와줍니다. 또한 본인이 사역할 지역에서 여러 공동체의 일이라든지 사역에 참여하게 해서 그 지역에서 사람들에게 알려지도록 도와줍니다. 개괄적으로 말씀드렸지만 현재 저희가 개척을 도와주어 5천 명, 8천 명이 넘는 교회들이 몇 군데 있습니다.

목사님께서는 '지역교회가 세계교회가 된다'는 것을 계속 강조하시는데 그것에 대해서 말씀해 주십시오.

저는 하나님 나라에 대해 굉장히 중독되어 있습니다. 하나님의 나라가 어떻게 세워질까요? 저는 우리 지역에 안 믿는 사람만 전도하는 것으로는 하나님의 명령에 온전히 순종할 수 없다고 생각합니다. 예수님은 가서 모든 족속으로 제자를 삼으라고 하셨습니다. 이번에 제가 쓴 《로우컬리제이션(localization)》이라는 책이 있는데 이 책의 주된 내용은 지역교회가 바로 세계교회가 되어야 한다는 것입니다. 그러니까 우리는 지역만 복음화해서는 안 되고, 어떻게 하나님의 나라를 온 세상에 이루어 갈 것인지를 생각하면서 계속적으로 세계교회를 바라보아야 합니다.

노스우드교회는 제자훈련으로도 아주 유명한 것으로 알고 있습니다. 그것에 관하여 간략히 소개해 주십시오.

저희 교회 성도들은 80% 이상이 셀에 참여하고 있는데 성도들에게 자주 강조하는 것 가운데 다음과 같은 세 가지가 있습니다.

첫째로, 하나님과의 바른 관계입니다. 이것은 큐티도 될 수 있고 예배도 될 수 있습니다.

둘째로, 이웃과의 솔직한 관계입니다. 이것은 소그룹(셀) 안에서의 관계를 말합니다.

셋째로, 지역과 세계로 나가자는 것입니다. 이것은 우리가 살고 있는 지역에서 어떻게 영향을 미칠 것인가에 대한 이야기입니다.

이상 세 가지를 제자훈련을 통해 강조하고, 성도들의 삶 가운데서 그것들이 잘 적용되고 있는지 살펴봅니다. 이 세 가지가 저희 교회에서 중요한 역할을 할 뿐 아니라 제자 삼는 데 중요한 요소가 되고 있습니다.

목사님께서는 교회성장에 있어서 가장 중요한 요소가 무엇이라고 생각하십니까?

무엇보다도 하나님의 음성을 듣는 것입니다. 하나님이 무엇을 원하시는가? 하나님이 기뻐하시는 것이 무엇인가? 하나님은 지금 나에게 무엇을 가르치시고, 나에게 무엇을 지시하기 원하시는가? 이 질문들에 관해 항상 하나님의 음성을 들으려고 노력해야 합니다. 물론 한국 교회가 저보다 교회를 위해 더 열심히 기도하고 있다고 생각되지만 저 역시 매일 아침마다 1시간씩 기도하며 하나님과의 깊은 교제를 위해 노력합니다. 그리고 아침 시간에는 온전히 책을 보면서 하나님의 음성을 듣기 원합니다.

교회성장의 요소 가운데 또 한 가지는 제자훈련입니다. 현재 많은 교회들을 보면 구원받은 자는 많은데 참 제자가 되지 않아도 괜찮은 교회가 참으로 많습니다. 앞문으로 많은 사람들이 들어오긴 하는데 교회가 그들을 재생산하여 그들이 예수의 참된 제자로 살아가도록 하지 못하는 것 같아 안타깝습니다.

저희 교회는 한 달에 40~50명 정도가 세례(침례)를 받고 있습니다. 제 목회는 성도들이 구원받는 것으로 끝나는 게 아니라 이들을 예수의 제자로 만드는 데 목적이 있습니다.

목사님께서 바라보시는 미래교회의 동향을 말씀해 주십시오.

미국을 바라볼 때 저는 슬픈 생각이 듭니다. 왜냐하면 교회가 점점 소비주의적인 모습을 많이 보이고 있고, 또 개인주의적인 신앙생활로 젖어들고 있으며, 문화와 코드가 맞지 않는 전도방법이 이뤄지고 있기 때문입니다. 그러나 현재의 미국 교회만 본다면 소망이 없지만 세계적으로 볼 때에는 소망이 있다고 봅니다. 저는 한국 교회 등 아시아에 있는 교회들이 이제는 서구교회를 다시 일으켜 세울 것으로 확신합니다. 하나님께서 아시아 나라들의 교회들을 일으키셔서 세계복음화를 이룩하는 데 크게 앞장서게 하실 것을 확신합니다.

목회를 하시는 데 있어서 목사님께서 지니신 장점이 무엇이라고 생각하십니까?

글쎄요. 장점이라고 물으신다면, 저는 말씀을 전하는 데 큰 즐거움을 가지고 있다는 것을 꼽겠습니다. 이러한 마음가짐으로 행할 때 많은 사람들이 말씀을 통해서 도전을 받고 또한 삶이 변화되는 모습을 봅니다.

또한 불신자들에게 다가가고 전도하는 데도 탁월하다는 생각이 듭니다. 그렇기 때문에 저희 교회로 많은 불신자들이 인도되어 세례(침례)를 받는다고 생각합니다.

XIII. 메가교회의 리더십과 성장을 주도하는 사역들

미국의 메가교회들을 살펴보고, 각 교회의 목회자들과 인터뷰를 진행하면서 그들이 지닌 리더십과 특징적인 사역을 엿볼 수 있었다. 따라서 그동안 살펴보았던 메가교회들의 특징을 정리하여 교회사역에 도움을 주고자 한다.

성장하는 미국 교회 목회자들에게 두드러지게 나타나는 리더십 유형

1) 투명하고 솔직한 태도를 가지고 있다.

메가교회 담임목사들은 소탈하여 누구와도 거리낌 없이 대화할 수 있다. 많은 교회 목사님들을 인터뷰하면서 리더십에 대해서 얘기하였는데, 프레스턴우드침례교회의 잭 그레이엄 목사와 노스코스트교회의 래리 오스본 목사는 리더십에서 가장 중요한

레이크우드교회 강대상 모습

것이 솔직함이라고 이야기했다.

앞으로 점점 관계 중심적 목회가 더 중요해질 것이라고 생각한다. 관계를 중심으로 목회해 나갈 때 목회자의 모습은 점점 더 솔직하고 자연스러워야 한다. 그래서 누구하고도 대화할 수 있는 위치에 있어야 한다. 일례로 미국 교회 강대상은 예전에 비해 점점 더 앞으로 나오고 있다. 즉 옛날에 강대상을 네모로 만들었다면 요즘은 앞쪽을 더 길고 둥글게 넓혀서 성도들과 가까이에서 대화할 수 있도록 하고 있다는 것이다.

그래서 목회자들은 설교를 외워서 자리를 이동해 가는 식의 대화식 설교를 많이 하고 있다.

또 한 가지 특징은 카리스마로 이끌어가는 것이 아니라 확고

한 목회철학을 가지고 있다. 목회철학은 목회자의 사명에 관한 것이다. 메가교회의 목회자들은 항상 목적을 세워놓고 사람들을 그곳으로 이끌어가는 능력이 있다. 빌 하이벨스는 그의 저서 《용기 있는 리더십(Courageous Leadership)》에서 이제는 핵심가치, 비전으로 교회를 이끌어 간다고 얘기하고 있다. 실제로 미국 교회를 방문해 보면 교회마다 자기들의 목적, 핵심가치, 전략들을 이야기하면서 "우리는 이것들밖에는 하지 않습니다"라고 말한다. 교회가 커지면서 더 단순한 모습으로 바뀌는 것을 보게 된다. 그 이유는 담임목회자가 변하지 않는 확고한 믿음, 핵심가치, 그리고 목적을 세워놓고 이끌어가기 때문이다.

2) 탁월한 의사전달력을 가지고 있다.

메가교회들은 대형교회임에도 불구하고 위로부터 아래까지의 전달력이 뛰어나다. 세워진 전략들을 모든 사람들이 다 알게 하는 탁월한 의사전달법을 가지고 있다. 메가교회의 교인들에게 설문을 해 보면 70~80%의 성도가 자신이 출석하는 교회의 사명과 나아갈 방향을 알고 있다.

예를 들어, 노스우드교회는 성도의 80% 이상이 셀에 참여하고 있는데, 성도들에게 자주 강조하는 것에는 다음과 같은 세 가지가 있다. 첫째, 하나님과의 바른 관계이다. 이것은 큐티도 될 수 있고, 예배도 될 수 있다. 둘째, 이웃과의 솔직한 관계이다. 이것은 소그룹(셀) 안에서의 관계를 말한다. 셋째, 지역과 세계로 나아가자는 것이다. 이것은 우리가 살고 있는 지역에서 어떻게 영향을 미칠 것인가에 대한 이야기이다. 이상 세 가지를 제자 훈련을 통해 강조하고, 성도들의 삶 가운데서 그것들이 잘 적용되고 있는지 점검한다. 이 세 가지가 노스우드교회에서 중요한 역할을 할 뿐 아니라 제자 삼는 데 중요한 요소가 되고 있다.

또 우드스턱제일침례교회에는 4대 목적이 있는데, 그것은 다음과 같다. "예수께서 가라사대 네 마음을 다하고 목숨을 다하고 뜻을 다하여 주 너의 하나님을 사랑하라 하셨으니 이것이 크고 첫째 되는 계명이요 둘째는 그와 같으니 네 이웃을 네 몸과 같이 사랑하라 하셨으니 이 두 계명이 온 율법과 선지자의 강령이니라"(마 22:37~40).

① 예배—하나님을 사랑하는 것이 주일예배를 통해 나타난다.

② 사랑—이웃 사랑은 소그룹을 통해 서로 간의 섬김과 나눔 가운데서 나타난다.

③ 사역—은사를 통해 교회와 지역을 섬기도록 한다.

④ 전도—관계전도를 통해 불신자를 초청하여 이뤄지고 있으며, 그 결과 현재 교회의 방문자 중 85% 정도가 정착하고 있다.

우드스턱제일침례교회의 모든 사역은 앞의 네 가지에 준하여 짜여진다. 그리고 한 사람이 교회에 등록하였을 때 그 순서에 따라 교육을 받게 된다.

이처럼 메가교회들은 분명한 사역의 방향을 강조하고 그것을 사역에서 지속적으로 실천함으로써 비전이 살아 숨쉴 수 있도록 한다.

메가교회에서는 목회자들이 사무실에만 있지 않고 성도들과 같이 어울려 있는 모습을 종종 보게 된다. 많은 대형교회에서 예배가 끝난 후 담임목사와 성도들이 본당에서 사진을 찍거나 대화하는 것을 보게 된다. 어떤 목회자는 "만약 목회자가 자기 방(사무실)에만 있다면 결코 그 목회는 성공할 수 없을 것이다"라고 이야기했다. 담임목사는 성도와 부교역자들의 이야기를 들어주어야 한다. 그리고 그렇게 하기 위해 서로 시간을 낼 수 있어야 한다. 목회자가 너무 시간이 없어서 성도나 부교역자들의 이야기를 듣지 못한다면 그것도 교회성장에 난관이 될 것이다. 이야기를 들어주고 잘 전하는 모습이 중요하다.

3) 신뢰성을 가지고 있다.

인터뷰를 하다 보면 부교역자들이 담임목사에 대한 신뢰가 굉장히 강하다는 것을 알게 된다. 뿐만 아니라 담임목사는 책임감 있는 행동과 말로써 부교역자에게 본이 되고 있다.

펠로우십우드랜드교회의 수석 부목사는 담임목사의 가장 큰 장점을 믿음이라고 했다. 이처럼 부교역자들이 담임목사에 대한 신뢰도가 굉장히 높은 것을 보게 된다. 목회자가 안팎이 다르지 않고, 자신이 한 이야기를 지키려고 하며, 먼저 솔선수범을 보인다. 과거에 우리가 보아 왔던 권위주의적인 리더십은 점점 사라지고, 투명하고 솔직하며 섬기는 리더십 쪽으로 변해 가고 있다. 그렇다고 권위가 없다는 것이 아니다. 결정을 해야 할 상황에서는 냉철하게 판단하고, 예배시간에는 강력한 메시지를 던진다. 이 모든 것이 그들이 성도들에게 존경받고 신뢰를 받을 만한 리더십의 자질을 갖추었기 때문이다.

4) 미래에 대한 청사진이 있다.

미국의 교회, 특히 급성장하는 메가교회의 담당자들을 만나보면 그들은 늘 10년 후, 20년 후, 짧게는 5년 후를 생각하는 모습을 보게 된다. 그들은 교회 건축 시 본당을 지을 때부터 어린이 교육관을 계획한다. 그리고 청소년 사역을 위해 교육관을 계획하는데 이것이 미국 교회의 일반적인 건축 패턴이다.

최근 애틀랜타를 방문해 본당 규모가 2,400석인 페리미터교회를 찾았다. 그 교회는 넓은 땅을 갖고 있어 결정만 하면 더 넓은 본당을 지을 수 있었다. 하지만 그들은 다음 세대에는 그렇게 큰 예배당이 필요없을 것이라는 판단하에 새로운 예배당을 짓지 않았다. 대신 다른 사역을 위해 대지를 떼어놓아 미래를 계획했다. 미국의 메가교회들은 대부분 5년 후에 무엇을 짓고, 무엇을 할 것인가를 계획하고 준비하고 있다. 그들은 과거에 대해서는 별 관심이 없다. 대신 미래의 청사진을 그리는 데 집중한다.

5) 자신이 강조한 사역을 행동으로 보이려 한다.

미국 노스포인트커뮤니티교회의 담임목사인 앤디 스탠리 목사는 10년 동안 계속해서 소그룹을 인도하거나 소그룹의 일원으로 참여하고 있다. 그는 강단에서 소그룹의 중요성을 강조할

뿐만 아니라 본인이 소그룹에 참여하는 본을 보이고 있다. 스탠리 목사와 같이 미국의 성장하는 교회의 목사들은 핵심사역에 직접 참여하고 있다는 공통점이 있다.

6) 탁월한 리더들을 세우고 이들과 공동으로 사역한다.

미국의 성장하는 교회들은 대부분 담임목사의 오른팔, 왼팔 역할을 하는 사역팀이 있다. 이들 교회의 목회자는 자신과 동고동락할 수 있는 진정한 목회팀을 구성한다. 담임목사 옆에는 언제나 리더십을 지닌 몇 사람이 있다. 그 사람들에게는 합당한 타이틀이 주어진다. 담임목사는 이들과 편하게 대화하고 상담한다. 서로의 아픔까지 나눌 수 있는 관계가 형성된다.

이들 리더는 담임목사 위치에 있는 것은 아니지만 담임목사를 도와 자신들의 전문성을 사역 가운데 나타낸다. 노스포인트교회의 앤디 스탠리 목사는《성공하는 사역자의 7가지 습관(7 Practices of Effective Ministry)》이라는 책을 글쓰기에 재능이 있는 2명의 부목사와 함께 썼다. 성장하는 교회들의 큰 특징은 전문가들을 인정하고 함께 사역하는 점이다.

7) 탁월하게 시간관리를 한다.

과거 미국 교회에서는 윌로우크릭교회의 빌 하이벨스 목사나 새들백교회의 릭 워렌 목사처럼 사역을 하다 탈진하는 목회자들이 적지 않았다. 그러나 시대가 변했다. 최근의 성장하는 미국 교회 목회자들은 시간관리의 고수들이다. 성장하는 교회 목회자들은 가정에서 충분한 시간을 보낸다. 자기 영성을 위한 시간도 낸다. 일 중독자들이 거의 없다. 사역과 안식의 균형을 잘 맞추고 있다.

성장을 주도하고 있는 메가교회의 사역들

1) 소그룹 중심 사역

얼마 전 미국에서는 《예수님은 좋아하지만 교회는 싫다(They Like Jesus but Not the Church)》라는 책이 출간되었다. 이 책은 미국의 유명한 목회자인 단 킴볼(Dan kimball) 목사님이 저술하여서 이슈가 되었다. 또 닐 콜(Neil Cole) 목사가 쓴 《유기농 가정교회(Organic Church)》라는 책도 있다. 이러한 소그룹과 가정교회에 관한 책들이 근래 굉장히 많이 출간되는 것을 본다. 이런 경향은 사람들이 점점 외로워지고 순수성을 찾고 싶어하는 것을 반영하고 있다. 그리고 교회가 점점 대형화를 추구하는 것에 대한 비판으로 생겨나는 것 같다.

그러므로 앞으로 교회의 방향에 대해 고민할 때 교회에 대한 사람들의 비판에 귀를 기울여야 할 필요가 있다고 본다. 사람들은 돈을 많이 들여서 세운 빌딩보다는 진정한 공동체를 가진 교회를 원한다고 생각할 수 있다. 기독교 전문잡지 〈아웃리치(Outreach)〉에서 미국에서 가장 빨리 성장하고, 가장 창의적인 교회라고 소개된 크라이스트더킹커뮤니티교회의 데이브 브라우닝 목사와 인터뷰를 했는데 그 교회는 벌써 40개의 지성전을 세웠고, 앞으로 200개를 더 세울 예정이라고 하였다. 데이브 브라우닝 목사는 "이제 사람들이 큰 것(bigger)보다 더 많은 것

(more)을 좋아한다"라고 하였다. 그래서 그 교회는 규모가 작은 지성전을 많이 세워 가고 있고, 현재 성도 수가 6천 명에 이르는 교회가 되었다. 많은 사람들은 교회가 복잡하다고 생각한다. 교회에는 많은 프로그램이 있고, 많은 종류의 헌신이 있지만 그것이 그들에게 불필요하다고 생각한다. 그들은 소그룹 중심적인 삶을 누리기 원한다. 브라우닝 목사는 이렇게 말하고 있다. "앞으로 교회는 프로그램 중심이 아니라 관계 중심적이 될 것입니다."

한 연구조사에서 3천 6백 명에게 "당신의 영적 성장은 어디에서 오는가?"라는 질문을 했다. 답변자 중 25%가 영적 성장은 소그룹에서 온다고 했다. 이렇듯 사람들은 소그룹에 많은 관심을 가지고 있다. 또한 미국의 한 조사에 의하면, 미국 기독교인의 1.4%는 가정교회에서 예배를 드리고 있다. 그들이 중요하게 생각하는 것은 공동체, 즉 관계에 있다. 지금 미국에서는 소그룹에 대한 책이 쏟아져 나오고, 소그룹에 관한 세미나가 많이 이뤄지고 있다.

필자는 앞으로 교회가 두 부류로 나누어질 것으로 생각한다. 한 부류는 교회 건물에서 많은 프로그램이 진행되는 교회로, 근래에 세워진 것이 아니라 역사가 오래된 교회들이다. 또 다른 부류의 교회는 소그룹 중심적이고 관계 중심적인 교회로, 이 교회들은 교회 건물의 크기보다 더 많은 수로 확장해 가리라고 본다.

2) 지성전 사역

앞서 말한 것과 같이 지성전은 지금 미국 교회 성장에서 가장 효과적인 도구이다. 12 메가교회 가운데 한두 교회를 제외하고는 모든 교회가 지성전 사역을 하고 있었다. 작년에는 지성전이 없던 교회가 올해는 두세 개의 지성전을 세우고 있었다. 사람들이 지성전을 세우려는 이유는 더 큰 교회를 만들려는 것이 아니다. 오히려 지성전을 통해서 전도를 더 잘하기 위해서이다. 하나님 나라를 더 확장하기 위해서 지성전을 세우는 것이다.

시코스트교회는 미국에서 지성전을 성공적으로 세운 교회로 유명하다. 그런데 이 교회에서 처음에 지성전을 세운 것은 의도적인 계획이 아니었다. 2001년에 교회가 포화상태에 이르러서 4천 명을 수용할 수 있는 성전을 건축하려 했지만 관할관청에서 건축허가가 나지 않았다. 그래서 계획을 수정하여 본 성전에서 반마일 떨어진 곳에 지성전을 건축하게 되었다. 그 지성전이 굉장히 성공적으로 정착하게 되어 시코스트교회는 본성전에서 1시간 이내의 거리에 또 다른 지성전을 세워 나갔다. 그래서 본성전에서 1시간 이내 거리에 7개의 지성전을 세우게 되었다. 나머지 3개 지성전은 다른 주에 세웠다. 제일 먼 지성전은 4시간 30분 정도의 거리에 있다. 또 2001년부터 현재까지 10개의 지성전 외에 43개의 교회를 개척하였다. 본성전에서 1시간 내에 지성전을 세울 수 없을 때는 새로운 교회를 개척한 것이다.

목회자의 은사에 따라 사역을 맡겼는데 만약 가르치는 은사가 있는 교역자라면 교회 개척을 시켰고, 목양에 은사가 있는 교역자라면 지성전을 담당하게 했다. 지성전을 세울 때 각 지성전 리더들은 모두 시코스트교회 내에서 배출된 교역자다. 교회 내에서 소그룹을 인도해 보았거나 코칭을 해 보았던 사람으로, 교회에서 2년 정도 목회사역에 대한 훈련을 시킨 후에 지성전을 이끌어가도록 한다. 교회를 개척할 때보다 지성전을 개척할 때 교회의 재정적인 지원이 더 잘되고 이름도 동일하게 사용하기에 지성전이 지역사회에서 더 빨리 정착하게 된다고 한다.

시코스트교회의 담임목사는 10개의 지성전 목회자들과 한 달에 세 번 정도 만남을 갖는다. 먼저 하루는 전체 교역자가 다 모여서 함께 기도하고 전체적으로 중요한 부분들에 대해서 함께 나눈다. 두 번째는 각 지성전 목회자들과 전화로 여러 가지 이야기를 나눈다. 마지막은 가까이 있는 지성전들끼리 모여서 전략도 세우고 같이 기도하면서 시간을 보낸다.

한국 교회에서도 지성전은 하나님 나라를 확장하기 위해서 효과적인 도구가 될 것이다. 지성전을 세우면 여러 가지 유익이 있다. 본성전이 멀어서 다니기 불편했던 성도들이 집에서 가까운 곳에 지성전이 생김으로 인해 교회에 오가는 불편함을 해소할 수 있고, 교회가 멀어서 전도하기 꺼려 하던 성도들이 더 활발하게 전도를 하게 된다. 또 본성전의 불편했던 주차문제도 해결된다. 그리고 거리가 가까워지면서 교회에 더 자주 올 수 있어서 성도의 영적 성장에도 도움이 된다. 더불어 성도들이 사역에 참여할 기회가 많아지면서 교회에 더 큰 애착과 열심을 보이게 된다. 지성전 사역은 앞으로 점점 더 확장되어 갈 것이다.

3) 사이버 사역

인터넷을 통해서 예배를 드리는 사람들이 점점 더 많이 생겨나고 있다. 사람들이 점점 바빠지면서 교회에서 모든 프로그램을 하겠다는 생각에 변화가 생기고 있다. 사람들이 시간에 쫓기고 있는 현세대에 발맞추어 사이버교회가 생겨나고 있다. 이제 교회는 많은 프로그램을 인터넷을 통해 이루어지도록 해야 한다. 인터뷰를 했던 많은 교회가 성도들이 필요한 자료, 즉 성경공부나 훈련과정을 인터넷을 통해서 배울 수 있도록 하고 있었다. 현대인들이 가장 중요하게 생각하는 가치관이 시간이기에 인터넷을 통한 방법이 필요하다. 이제는 사람들을 직접 교회로 오라고 하는 것보다 인터넷을 통해 교제와 훈련 등을 할 수 있도록 해야 한다. 예를 들면, 셀 리더 훈련을 교회에서만 한다면 직장이 있는 사람들이 매번 참석하는 것이 어려울 수 있으나 인터넷으로는 모든 훈련자료를 제공하고 1년에 한두 번 정도만 직접 만나는 방법을 사용할 수도 있다. 인터넷을 얼마나 잘 사용하는지가 앞으로 교회의 중요한 과제가 될 것이다.

4) 지역을 변화시키는 사역

미국의 성장하는 대부분의 교회들은 빛과 소금의 사명을 감당하기 위해 노력하고 있다. 이를 위해 지역사회를 위한 나눔과 봉사에 열중한다. 그래서 지역사회의 존경을 받고 있다.

우드스틱제일침례교회는 지역사회에 많이 알려져 있는 편이다. 먼저 이 교회에 대한 지역사회의 부정적인 시각은 주일날 교통 혼잡으로 인해 불편하다는 것이다. 그러나 지역사회의 긍정적인 시각은 모두에게 열려 있는 교회라는 평가다. 이 교회 로고는 'JUST FOR YOU'인데, 그 말을 다른 말로 표현하자면 '여러분들을 돕기 위해 열린 교회'라는 것이다. 이 교회는 지역사회가 필요로 한다면 교회를 개방하고 있다. 작년에는 인근 고등학교의 졸업식을 7번 거행하였고, 찬양대 연습실을 개방하여 지역의 고등학교에서 밴드 연습을 하고 있으며, 어린이 놀이터(놀이터 짓는 데 50만 불 사용)도 개방하고 있다.

또 미국에서 가장 영향력을 미치는 10대 교회 중 하나인 노스코스트교회에서는 부활절이 지난 2주 후에 교회에서 예배를 드리지 않고 지역사회에서 봉사활동을 한다. 노스코스트교회는 소그룹이 활발한 교회로 12주간의 소그룹 모임이 끝나면 지역사회에 봉사를 하겠다는 서약을 하기도 한다. 그리고 지역사회에 봉사를 하려는 교회들이 많아서 여러 교회가 연합해서 봉사사역을 하기도 한다.

그런데 여기서 중요한 것은 성도들이 자신의 기쁨을 위해서 봉사를 하는 것이 아니라 지역사회를 위해서 그들이 필요한 봉사를 한다는 것이다. 현재 교회가 점점 외곽지역으로 밀려나가는 상황에서 지역사회에 빛과 소금이 되기 위해 더 많은 지역사회 봉사에 참여하고 있다.

조이커뮤니티교회는 특히 집짓기 봉사로 지역을 섬기고 있다. 이 교회는 이런 봉사활동을 통해서 시로부터 상도 받았다.

5) 니켈로디언 스타일의 어린이 사역

니켈로디언(Nickelodeon)이란 애니메이션 프로그램을 중심으로 방송하는 미국의 어린이 대상 민영 방송을 가리키는 말이다.

미국 메가교회에 가면 어린이 사역관을 어린이들이 좋아할 수 있도록 그들의 눈높이에 맞게 만들어 놓았다. 새들백교회, 프레스턴우드침례교회, 노스포인트교회, 페리미터교회 등의 어린이 사역관은 너무나 재미있게 만들어져 있다. 이런 현상은 지난 10여 년 사이에 생겨났다. 아이들 교실의 이름도 동물 이름이나 나라 이름으로 짓는다. 그리고 소수의 아이들마다 한 명의 선생님들이 있다. 이렇듯 어린이 사역이 굉장히 활발하게 일어나고 있다. 니켈로디언 스타일의 어린이 사역이란 재미있으면서도 뭔가를 배운다는 것을 뜻한다. 학부모들은 아이들이 교회에서 돌아오면 먼저 "오늘 재미있었니?" 그리고 "무엇을 배웠니?"라고 묻는다. 어린이 사역을 통해서 미래의 주역인 어린이들도 성장하지만 그들의 부모들을 전도하는 데 굉장히 중요한 도구가 된다. 조지 바나(George Barna)의 최근 조사에 의하면, 미국 교회가 가장 신경을 쓰는 부분이 바로 어린이 사역이라고 했다. 그래서 어린이 사역을 잘하는 것이 성장의 필수요소가 되었다.

시티교회는 다음 세대를 위한 사역을 아주 열심히 잘하고 있다. 현재 1천 5백 명 정도의 어린이들이 모여서 예배하고 양육받고 있다. 담임목사는 다음 세대에 대해서 특별한 애정과 헌신이 있다. 미국에서도 어린이와 청소년 사역을 TV로 방영하는 곳은 거의 없다. 그런데 시티교회의 어린이와 청소년 사역은 매주 TV에 방영될 정도로 매우 탁월하고 영향력이 있다.

조이커뮤니티교회는 성장하면서 여러 번 이사를 했다. 그들은 사역의 중점을 2세 교육에 두면서 1980년 초에 초등학교를 설립했다. 현재는 초등학교에서 400명, 그리고 중학교에서 400명 정도가 공부하고 있다.

릭 워렌 목사가 담임하는 새들백교회를 방문하면 어린이교육관이 디즈니랜드와 굉장히 흡사하다는 것을 느낀다. 워렌 목사는 어린이들이 교회에 자발적으로 나올 수 있도록 아이들 눈높이의 교육관을 건축했다. 어린이 눈높이의 교육관을 짓는 것은 미국의 성장하는 교회의 트렌드로 볼 수 있다. 이들 교회는 대부분 어린이 교육에 집중 투자한다. 어린이 사역을 '약속의 땅', '어린이들의 중심가' 등의 브랜드로 특화하고 있다. 어린이 사역에 치중하는 것은 어린이를 통해서 어른이 교회에 나오기 때문이다. 노스포인트교회에서는 어린이 사역을 통해서 매달 150명 정도의 성인이 등록하고 있다. 미래 교회의 리더가 될 어린이 사역에 집중하는 것이 성장하는 미국 교회의 특징이다.

6) 삶을 변화시키는 사역 – 제자도

최근에 많은 메가교회들이 강조하는 것은 소비자를 만들지 말고 예수의 제자를 만들자는 것이다. 필자가 인터뷰했던 많은 교회들이 제자훈련을 강조하는 것을 보게 된다. 중요한 것은 얼마나 많은 제자가 생기느냐 하는 것이다. 그래서 많은 교회들이 제자를 양육하는 데 최선을 다한다. 소비자 중심 교회에서 제자 중심 교회로 바뀌어가고 있는 것이다.

그런데 이 제자훈련은 커리큘럼에 따르는 것이 아니라 삶을 통한 변화를 추구한다. 이런 교회의 목회자들이 전하는 메시지의 70% 이상이 적용 중심인 것을 보게 된다. 그리고 그들은 헌신에 대해서 굉장히 강조하고 있다. 주님께서 명령하신 '모든 족속으로 제자를 삼으라'에 초점을 맞추어서 많은 교회들이 제자훈련에 가장 중점을 두고 있는 것을 본다. 노스우드교회, 프레스턴우드침례교회, 조이커뮤니티교회, 페리미터교회 등을 포함한 성장하는 교회들이 제자훈련에 굉장히 앞서 있는 것을 보게 된다.

우드스턱제일침례교회는 어른 주일학교로 소문이 나 있다. 그들은 어른 주일학교를 소그룹 중심으로 운영하고 있다. 미국 사람들은 주중에 시간을 낸다는 것이 쉽지 않기 때문에 주일날 예배드리기 위해 교회에 왔을 때 소그룹 모임을 한다. 교인의 82%가 주일 소그룹 모임에 참석하고 있다. 이 교회의 진정한 모든 사역들은 어른 주일학교 소그룹 모임에서 이루어진다. 담임목사 본인도 소그룹을 인도할 때가 있으며, 그렇지 않을 경우에는 소그룹에 참석함으로 소그룹의 중요성을 모든 교인들에게 인식시켜 주고 있다.

페리미터교회는 현재 주일날 6천~6천 5백 명 정도의 장년이 출석하고 있다. 그 중 80%는 제자훈련에 연결된 사람들이며, 45%는 현재 제자훈련을 받고 있다. 제자훈련은 3년 과정의 프로그램으로 단계별로 커리큘럼이 있다. 제자훈련에서 중요하게 생각하는 핵심가치는 'TEAMS' 이다.

T(Training)— 훈련

E(Evangelism)— 전도

A(Accountable)— 상호책임

M(Mission)— 선교

S(Supplement)— 기도

1년 동안 제자훈련을 한 후에 가르침의 은사가 있으면 부리더가 되어 2년 동안 부리더로 헌신하고, 3년 프로그램을 마친 사람은 제자훈련을 가르칠 수 있는 리더로 세워진다. 한마디로 한 사람이 3년 동안 제자훈련 프로그램을 거쳐야만 리더가 될 수 있다는 것이다. 모임장소는 교회, 식당, 집 등 어디서나 모일 수 있으며, 모임 인원 수는 다섯 명에서 여덟 명 정도 된다. 그들은 예배를 통해서 하나님께 영광을 돌리고, 하나님의 임재를 체험하지만 제자반을 통해서 모든 교회사역이 일어나고 있다고 볼 수 있다.

7) 불신자에게 매력적인 교회

불신자에게 매력적인 교회들은 전도에 큰 관심을 가지고 있으며, 전도대상자를 확고히 정하는 것을 종종 보게 된다. 그래서 전도대상자의 필요를 살펴 적절한 미끼를 던져서 그들이 교회에 나오게 한다. 이러한 교회들은 첫인상을 매우 중요시한다. 건물도 사람의 주위를 끌며, 예배도 재미있고 흥미롭게 진행한다. 그들은 문화를 사용해서 전도를 한다. 사람을 끌어당기기 위해서 교회 건물을 건축할 때도 전도대상자들에게 친숙하고 지역사회에서 많이 볼 수 있는 건물형태, 가령 학교 건물이나 사무실 건물처럼 짓는다. 예를 들어, 펠로우십우드랜드교회는 교회를 건축할 때 학교 건설의 경험이 있는 시공사에 교회건축을 맡겼다고 한다. 이런 교회들은 모든 프로그램뿐 아니라 건물까지도 전도대상자들에게 맞추어서 사역을 하고 있다.

조이커뮤니티교회는 전도에 있어 중요한 것은 관계라고 생각한다. 그래서 성도들이 불신자와 지속적으로 좋은 관계를 맺도록 해 왔다. 관계전도 외에 다른 전도방법은 다음의 세 가지이다.

첫째, 조이커뮤니티교회에 전도된 사람의 2분의 1 이상은 현대적 예배를 통해서이다. 현대적 예배란 예배의 전반적인 부분을 불신자들의 눈높이에 맞춘, 문화적인 콘텐츠에 포커스를 맞춘 예배를 말한다. 예를 들면, 먼저 청결하고, 깔끔한 분위기를 유지하려고 한다. 그리고 안내자들은 부담감 없는 분위기를 조성하고 거부감 없이 다가갈 수 있도록 한다. 불신자와 성도들의 요구사항들이 있을 때에는 안내자들이 친절하고 자세하게 설명한다. 그리고 예배 분위기는 불신자들이 즐겨 듣는 음악과 비슷한 수준의 탁월성을 유지하려고 한다. 목회자의 메시지는 헌신을 요구하고 예수 그리스도를 소개하면서 그들이 지니고 있는 문제, 가치와 삶의 여정들이 예수 그리스도로 인해 해결되리라는 것을 강조한다. 그들은 다음과 같은 용어를 사용한다. "Come, as you are." 이것은 당신의 있는 모습 그대로 교회로 나오라는 말이다. 그들의 예배방식은 교회에 새로 온 사람들이 환영받고 있다는 느낌과 편안함을 느끼게 한다.

둘째, 조이커뮤니티교회는 봉사를 통해 전도를 한다. 1년에 두 차례 봉사의 날을 정하여 토요일마다 전 교인이 지역봉사에 참여하도록 하고 있다. 페인트를 칠해 주거나, 세차를 하거나, 집을 짓는 등 여러 가지 사회봉사를 하고 있다. 현재는 뜻을 같이하는 교회들이 함께 이 일들을 감당하고 있다.

셋째, 학교전도이다. 교회가 운영하고 있는 유치원에서 중학교(8학년)까지의 과정 가운데 아이들이 학교에 다니니까 학부모들이 교회에 방문할 수밖에 없다. 그 이유는 교회와 학교가 같은 곳에 위치해 있기 때문에 학교를 방문했을 때 자연스럽게 교회를 방문하게 되는 것이다. 이와 같이 여러 가지 전도방법들을 사용하고 있지만, 중요한 것은 성도들로 하여금 불신자들을 사귀고 그들을 교회로 초청하게 하는 것이다.

한국 속담에 "구슬이 서 말이라도 꿰어야 보배"라는 말이 있다. 메가교회가 되는 것도 그것을 실천함으로 시작되는 것이다. 우리 교회에서 적용할 수 있는 한 가지를 먼저 찾아서 적용해 나가기 바란다. 한국 교회가 한국뿐 아니라 세상을 바꿔가길 기도한다.

판 권
소 유

미국 메가교회를 통해서 배운다

2008년 5월 25일 인쇄
2008년 6월 1일 발행

지은이 | 김진기
발행인 | 이형규
발행처 | 쿰란출판사

주소 | 서울 종로구 이화동 184-3
TEL | 02-745-1007, 745-1301, 747-1212, 743-1300
영업부 | 02-747-1004, FAX / 02-745-8490
본사평생전화번호 | 0502-756-1004
홈페이지 | http://www.qumran.co.kr
E-mail | qumran@hitel.net
qumran@paran.com
한글인터넷주소 | 쿰란, 쿰란출판사

등록 | 제1-670호(1988.2.27)

책임교열 | 최진희, 박신영

값 6,000 원

ISBN 978-89-5922-555-2 93230